「共災」の論理

高橋隆雄

九州大学出版会

「共災」の論理／目次

「共災」の論理

はじめに

大谷崩れ。幸田文と崩れの出会いはここから始まった（塩崎省吾氏提供）

崩れと弱さ

幸田文の『崩れ』（講談社文庫、１９９４年）を10年ぶりに再読した。

幸田文は72歳という年齢にもかかわらず、日本各地の崩壊現場に引き寄せられるようにして足を運んだ。日本三大崩れと呼ばれる、静岡県の**大谷崩れ**、富山県の**鳶《とんび》山崩れ**、長野県の**稗田山崩れ**、そして、富士山の**大沢崩れ**、新潟県松之山町の崩れ、また桜島、有珠山へと、それこそ老体に鞭打って出かけた。

今回無性に読んでみたくなり本棚を探したが見つからない。私の書斎は本という生きものが秩序なく増殖する森のような状態にあり、それは予想されたことでもあった。大学生協を通じて取り寄せ、届くとすぐに夢中で読んだ。前回は、著者の老いていく姿と国土の崩れとの絶妙な重なりあいに、いたく感動した。しかし、今回はそれ以上だった。どの頁を読んでも、その通りだと感じた。ほどなく、東日本大震災の持つ意味や震災後の生き方を模索している自分がこれを求めたのだと分かった。

幸田文と崩れの出会いは大谷崩れから始まる。

巨大な崩壊が、正面の山嶺から麓へかけてずっとなだれひろがっていた。なんとも

幸田文：随筆家・小説家。１９０４－１９９０。明治の文豪幸田露伴の娘。代表作『父 その死』、『流れる』、『黒い裾』、『台所のおと』。『崩れ』は、著者が72歳になる年に夢中で出かけた崩壊地での体験を雑誌に連載したもので、死後に出版された。

大谷崩れ：静岡県安倍川上流にある崩壊地で、１７０７年の宝永地震によってできた。

鳶《とんび》山崩れ：富山県の立山連峰・鳶山にあり、１８５８年の飛越地震により発生した。

稗田山崩れ：長野県小谷村にある稗田山の崩壊地で、１９１１年８月８日山頂北側斜面が突如大崩壊した。

大沢崩れ：富士山麓西側直下から発生している大規模な崩落。１０００年ほど前から始まり今も規模を拡大しつつある。

ショッキングな光景で、あとで思えばそのときの気持は、気を呑まれた、というそれだったと思う。自然の威に打たれて、木偶のようになったと思う。とにかく、そこまでは緑、緑でうっとりしていて、突如そこにぎょっとしたものが出現したのである。巨大な崩壊を前にして、気を呑まれ木偶《でく》のようになったが、それはたんなる畏怖の感情ではなかった。

五月の陽は金色、五月の風は薫風だが、崩壊は憚ることなくその陽その風のもとに、皮のむけた崩れた肌をさらして、凝然と、こちら向きに静まっていた。無惨であり、近づきがたい畏怖があり、しかもいうにいわれぬ悲愁感が沈殿していた。

ここでは怖ろしい崩れに悲愁、憂愁を感じてもいる。この不思議な感情の取り合わせは否定しようのないものであるが、その正体はやがて明らかになる。

富士山の大沢崩れを見に行くさいに砂防工事事務所長に尋ねる。

「だいたい崩れるとか、崩壊とかいうのは、どういうことなんですか」

そうねえ、と所長さんはちょっと間をおいて、地質的に弱いところといいましょうかね、という。ふしぎなことにこの一言が、鎮静剤のように効いて私は落付いた。はっきりいえば、弱い、という一語がはっとするほど響いてきた。

弱いという語は、崩れに威力とともに哀愁を感じた身にはすとんと腑に落ちた。「巨大なエネルギーは弱さから発している」のである。

突如出現した「ぎょっとしたもの」であり、かつ「無惨であり、近づきがたい畏怖があり、しかもいうにいわれぬ悲愁感が沈殿」している崩壊とは、いったい何のことだろうか。古代の日本人ならば、即座にそれは神のたたずまいであるというだろう。幸田文は、崩れに神を見たといえる。しかもそれは、弱さを内に持つ神だった。

ここで**スサノヲの命**を連想する人も多いだろう。スサノヲが誕生するときに、母**イザナミの命**はすでに黄泉の国にいた。そのことを知って、スサノヲは日ごと夜ごと泣き明かす。そのため山は枯れ河川は乾き悪霊が跋扈する世界となる。

『古事記』にはこうある。

その泣く状《さま》は、青山は枯山の如く泣き枯らし、河海は悉《ことごと》に泣き乾しき。ここをもちて悪しき神の音《こえ》は、さ蝿《ばえ》如《な》す皆満ち、萬《よろづ》の物の妖《わざはひ》悉に発《おこ》りき。（倉野憲司校注『古事記』岩波文庫、31頁）

スサノヲの命：イザナキがイザナミのいる黄泉の国から逃げ帰りケガレを除く禊《みそぎ》をした際、鼻を洗ったときに生まれた神。亡き母を求めて行く途中、高天原に立ち寄り乱暴狼藉の末そこを追放される。出雲の国で大蛇を退治し結婚し鎮まる。オホクニヌシの命は6代後の子孫。

イザナミの命：女神。イザナキと結婚し国生みを行うが、火の神を生み火傷し黄泉の国に至り、そこを支配する。醜い姿をイザナキに見られ、地上との境にあるヨモツヒラサカまで追ってきて、一日に千人の人間を殺すという。『日本書紀』では火傷し黄泉に至るという記述のないバージョンもある。

『古事記』：稗田阿礼が誦習したものを、太安万侶が元明天皇の勅により撰録し712年に献上したもの。神話、伝説、歌謡を含み、天地開闢、国生みの神話、イザナミの死、スサノヲの高天原での狼藉、アマテラスの岩屋戸籠り、オホクニヌシの国譲り、天孫降臨、そして高天原の神々の子孫としての代々の天皇自然が荒れて暴威を振るう奥には母を亡くした神の嘆きがあった。山が枯れ、河海が乾くことで、**寺田寅彦**は、噴火で草木が枯死し河海が降灰で埋められることを連想するという。そしてこういう。「噴火を地神の慟哭と見るのは適切な譬喩であると言わなければなるまい。」（小宮豊隆編『寺田寅彦随筆集』第四巻、岩波文庫、149頁）

スサノヲの乱暴狼藉に姉の**アマテラスオホミカミ**が岩戸に隠れたときにも、同じように世界には悪霊と災いが満ちた。ここでも神の怒りとも嘆きともつかぬものが自然の猛威として現れる。自然の威力や災いの奥に神の弱さがあるというのは、日本ならではの考えだろう。

アニミズム的自然

幸田文は崩れに見る自然を神のごとくとらえた。さらにいえば、**アニミズム**的に自然を生きものとして感じている。

それはさきの引用中の、崩壊が「凝然と、こちら向きに静まっていた」にもうかがえる。また、大谷崩れから流れ下る安倍川を「機嫌のとりにくい川」、「可哀想な川」と呼ぶ。これはたんなる比喩ではないだろう。さきに言及した砂防工事事務所長に大沢崩れの映画を見せてもらう場面では、次のような感想を述べる。

の記事を収める。

寺田寅彦：物理学者・随筆家。1878－1935。「天災は忘れたころにやってくる」の名言で知られているが、著書の中にこの言葉はない。『吾輩は猫である』の水島寒月や『三四郎』の野々宮宗八のモデルともいわれる。彼の地震観については序章で述べる。

アマテラスオホミカミ：イザナキの禊の際、左目を洗った時に生まれた神。イザナキの命令で高天原を治める。スサノヲの狼藉に岩屋戸に籠り世界は暗闇になるが、神楽舞により外に出る。地上を平定するニニギの命や代々の天皇の先祖。『日本書紀』ではイザナキ、イザナミの子とされる場合もある。

アニミズム：生物・無生物を問わず自然界のあらゆる事物に霊魂、霊が宿っているという考え方。19世紀後半、イギリスの人類学者E・B・タイラーが使用し定着させた。呪術・宗教の原初的形態とされるが、日本をはじめ現代社会においても意義を失っていない。

もう一つ、恐怖を感じたのは打当たって割れた石の、断面が実にま新しくて、清浄そのものに見えることである。まっさらで無垢で、いきいきとした肌が、瞬間見てとれるのだ。

暴れ川としての大沢川の場面では蛇や竜をそこに見ている。

川をよく蛇や竜にあてていうが、映画の中の大沢川は、怒って、噛みつき、呑みかからんばかりの生きものだった。

土石流も生きものと見える。桜島噴火の映像を見て次のような感想をもらす。

土石流も瞬間に出現したが、それを見た瞬間に私の感じたものは、生きもの、ということだった。

大地草木と共鳴する幸田文には、このような日本の国土は耐えがたいほどの宿命を背負っていると感じられた。

土石流：土石が雨水や地下水を多量に含み泥水状に流下する現象。山崩れによって直接生じた土石流を山津波といい、大きな災害をもたらすことがある。

なんと日本中には、崩壊山地がおおいことか。（中略）だがこんなに崩れが多いとは、途方もないことだと思った。ひどい国なのだなあ、とまた降りだした雨音をききながら、自分しか居ない一人住みの部屋を寂しく眺めわたした。

また、桜島の噴火を見ながら東京での**光化学被害**を想う。

いずれにしろ自然の災害と、人がこしらえた災害と、日本は災害多き国、病巣多き国なのかなあ、と気が沈む。

問題は、大地の崩壊だけではない。災害はそれまで親しかった人どうしの仲をしばしば裂く。崩れは人と人の関係も崩していくのである。新潟県松之山町では次のように思う。

縁引や付合の濃い間柄では、却って今までの節度が逆目にでて、剝きだしの憎しみになる。災害とはいつも、多くそうなのである。土の崩れは、まざまざと人を崩しているものだった。

光化学被害：工場や自動車の排気ガス中の窒素酸化物や炭化水素が、日光に含まれる紫外線に反応して生じるオキシダント（オゾンやアルデヒドなど）により、眼や気管などが刺激され呼吸器系障害が生じることがある。

しかし、嘆いてばかりいても始まらない。崩れのある所では、かならずそれと日夜戦う人たちと出会う。そしてそのたくましさに感動する。鳶山崩れを訪れたときに、軌道車の終点の砂防事務所で聞いた話では、事務所の敷地内の二面のテニスコートは数年前のがけ崩れで消えてしまったという。

それじゃあぶないんじゃありませんか。ええ、まあ今後、堅固になっていくことは決してないでしょうけれど、かといって急に一度に崩壊してしまうとも思えませんし、まあ、もし留めどなく崩れだすような場合には、危くならないうちに前もって逃げますからね。笑いごとではないことを、笑って話せる闊達な人たちだった。きっと細心な用心が、いつも身についているのだろう。

また、彼らは次のようにもいう。

もっともこの辺はどこにしても、油断はできないところだらけだから、うっかりもしていられない代り、こわがってもいられなくて。

日本人は気の遠くなるような昔から、災害に立ち向かってきた。地震、津波、台風、洪水、火砕流、土石流、山崩れ、飢饉、疫病、火事、雷など、ありとあらゆる災害に耐えてきた。それが日本人のたくましさを形作ってきたともいえる。「笑いごとではないことを、笑って話せる闊達」さの奥には、細心な用心と大胆さ、強い気概がある。現代のわれわれはそれをしばし忘れていた。しかし、阪神・淡路大震災、その後の日本各地で生じた大きな地震、そして東日本大震災と続くなかで、いやがおうにも「崩壊というこの国の背負っている宿命」を感じずにはおれなくなった。われわれには今、崩壊現場最前線の人たちの気概が求められているといえる。

そうした気概は災害への態度を変えるだけではない。美意識も変わることだろう。それは古来の日本の美意識の復活といえなくもない。

崩壊とともに美しい姿を見せる**男体山**を前にして次のように述べる。

だが一度大沢の崩れを見た上で、あらためて仰げば、端麗とは決して生やさしく、ぐうたらべえに成立つものではなく、このように恐しいきびしさの裏打があることを思い知らされ、はじめて端麗の尊さに気付く。富士といい、男体といい、どうしてこうも顕著に、美しさと凄さとを併せ見せているのかとおもう。

崩壊には感動がある。崩壊を恐ろしいもの、避けるべきものとだけ見てはいけな

男体山：栃木県日光山地にある円錐状の美しい成層火山。標高2,484メートル。山麓に中禅寺湖、華厳滝がある。

い。また、避けられないからといって絶望や自暴自棄でもいけない。それらは精神の弱さの表れだろう。体の自由がきかないにもかかわらず、惹きつけられ訪ねまわった崩壊の感動を伝えたいと幸田文は心から思う。

そんな大きな力の動くところに、感動のない筈がない。その感動はある時はすさまじく、またある時は淋しく哀しいものかもしれない。が、崩壊というこの国の背負っている宿命を語る感動を、見て、聞いて、人に伝えることを私は願っている。

自然がもたらす二つの感動

自然がもたらす感動を伝えるには、大きく分けて二つの仕方がある。一つは花見、川遊び、**森林浴**や紅葉狩りのように、自然の持つ優しさや癒す力を中心にする。もう一つは、災害を生じさせる自然の威力を軸とする。幸田文はこの二つを、日光市の広報担当のNさんと自分を対比させて書いている。

Nさんは旅好きで、筆の立つ人である。この方がこれから書いて行きたいと思っているのは、おだやかな川の好ましさ、子供を喜ばせ、魚や草木を育む楽しい川、人の生活に役立ち、人生の友として役に立つ川の姿だ、という。Nさんはいい川を書こう

森林浴：森林に入り樹木に接することで精神的な安らぎと爽快な気分を得ること。2004年以降、森林浴の効果を科学的に検証する取組みが始まり、NK細胞の活性化などが報告されている。効能にはフィトンチッドと呼ばれる物質が作用しているといわれる。

としている。そして私は逆に、荒廃の川と、崩れる山を伝えようとしている。Nさんは読者にこころよさと成就を贈ることだろうが、私は反対に無惨と破壊を押しつける。

本書で私が伝えたいことは、Nさんではなく幸田文の視点からのものである。そして崩壊や災害をたんなる悲惨としてではなく、そこに人間のたくましさがあり、美もあり神との出会いもあるものとして伝えたいと思う。

私は、若いころにしばしば山歩きをしたが、幸田文の視点はその経験にも合致している。ほんの軽い山歩きだったが、いろいろなことに遭った。台風直後の土色に逆巻く富士川に落ちそうになったこと、丹沢山系の滝からすべり落ちたこと、逃げるところもない北アルプスの稜線で雷の襲来を受けたこと、南アルプスの稜線で集中豪雨にさらされ手足の感覚がなくなったことなど、思えば大変な目に遭ってきた。それでも、台風一過の山嶺の神々しさや、北アルプス雲の平のお花畑の美しさに感動してもきた。自然には近寄りがたい威力があり、しばしばそれは暴威となって襲いかかる。しかしその合間に、自然はこの上ない美しさを見せる。このような自然観が私にはぴったりくるし、幸田文の文章にもそれを感じる。

Nさんの立場は、はやりの言葉を使えば、人間と自然の「**共生**」と呼べる。幸田文、そして私の立場は、自然をもっと荒々しいものととらえる。人間は災害ととも

共生：異種の生物が行動的・生理的な結びつきを持ち、一所に生活している状態。ヤドカリとイソギンチャクのように両方が利益を得る共利共生と、片方だけが利益を得る片利共生がある。片方が利益、もう一方が害をこうむる寄生も共生の一形態とされることがある。人間と自然の共生という場合、共利共生を指している。

に生きながら、自然の恵みを享受してきた。足元が不安定であることを知りつつも、現在の生を強く太く生きてきた。ここには人間と災害の共存、いわば「共災」という生き方がある。この生き方は、しばし忘れられてきたが、東日本大震災はそれを目覚めさせるきっかけとなったといえる。

『崩れ』で幸田文が伝えようとしたものを、私は私なりの表現で語ろうと思う。そのときのキーワードは「共災」である。

共災：筆者（高橋）の造語。われわれにとって災害は常態としてある。その自覚に基づいて、生き方、社会や政治のあり方、生死や自然についての考えを根本から変えることを提唱するために作った語。「共病」が病とともにあることを意味するように、「共災」は災害とともにあることを意味する。

序章

共災の時代とは

東日本大震災の津波の傷跡（髙原朗子氏提供）

地震の活動期

２０１１年3月11日午後2時46分、巨大地震（東北地方太平洋沖地震）が東北地方と関東地方を襲った。震源域は岩手県沖から茨城県沖までの南北５００キロメートル、東西２００キロメートルという大規模なものだった。日本の観測史上最大の地震だった。最大震度7、**マグニチュード**９・０の大地震は最大波高10メートル以上、遡上高は最大で40メートルを超える津波を呼び、建築物の全壊・半壊は39万戸以上、死者・行方不明者は約1万9、０００人におよんだ。津波以外にも、地震の揺れや液状化現象、地盤沈下、ダムの決壊などによって、北海道南岸から関東南部に至る広大な範囲で被害が発生し、各種ライフラインが寸断された。

地震からおよそ1時間後、東京電力福島第一原子力発電所は、遡上高15メートルにおよぶ津波を受けた。津波は低い防波堤を超え、施設を破壊し地下室や立坑も浸水した。地下の非常用交流電源は水没し、燃料のオイルタンクも流失した。このため原子炉は全電源を喪失し、原子炉を冷却できなくなり、1号機と3号機でメルトダウン（炉心溶融）を起こした。その後の水素爆発で原子炉建屋が吹きとび、大量の放射性物質が大気中に漏えいし、原発周辺の住民は長期の避難を余儀なくされた。

マグニチュード：地震の全体としての規模を表す数値で、震源のエネルギーが大きいほど大。マグニチュードが1増えるとエネルギーは約32倍に、2増えると1、000倍になる。地震動の強さを表す震度とは異なる。関東大震災のときのマグニチュードが7・9であるのに対し、東日本大震災では9だった。いかに大きな規模の地震だったかがわかる。

ここで日本の地震について、地震観測所が整備された1885年以降のデータを見てみよう（気象庁ホームページおよびフリー百科事典『ウィキペディア』による）。

まず、マグニチュード7以上の地震の発生回数を数えると、10年当たり5－19回であり、2000年から多くなっているが、それほど極端ではない。マグニチュード8以上は0回から2回である。

ところが、大きな被害をもたらした地震活動にかんしては偏りが見られる。被害の大きさは、地震発生の地点や防災への取り組み状況などが影響すると思われる。被害を死者・行方不明者の数として、50人以上の犠牲者が出た地震は次のようである。

1891－1900（4回）　91年　濃尾地震（7、232人）、94年　庄内地震（726人）、96年　明治三陸地震（21、959人）96年　陸羽地震（209人）。

1901－1910（0回）

1911－1920（1回）　14年　仙北地震（94人）。

1921－1930（4回）　23年　関東大震災（約10万5千人）、25年　北但馬地震（428人）、27年　北丹後地震（2、925人）、30年

1931－1940（1回）　33年　昭和三陸地震（3、046人）。

1941－1950（5回）　43年　鳥取地震（1、083人）、44年　東南海地震（1、223人）、45年　三河地震（2、306人）、46年　南海地震（1、443人）、48年　福井地震（3、769人）。

1951－1960（0回）

1961－1970（1回）　68年　十勝沖地震（52人）。

1971－1980（0回）

1981－1990（0回）

1991－2000（2回）　93年　北海道南西沖地震（230人）、95年　**阪神・淡路大震災**（6、437人）。

2001－2010（1回）　04年　新潟県中越地震（68人）

2011－2012（1回）　11年　東日本大震災（約1万9、000人）。

この数値を見て気づくのは、1950年からの40年間の被害の少なさである。犠牲者が50人を超えたのはたった一度（68年　十勝沖地震52人）であり、この時代が幸運だったことがわかる。戦後しばらくしてから90年までの日本は、経済復興、高

阪神・淡路大震災：1995年1月17日の兵庫県南部地震による災害。マグニチュード7.3、震度7の地震で、兵庫・大阪・京都の1県2府が被災した。当時としては戦後最大規模の地震被害であり、とくに震源に近い神戸市市街地の被害は甚大だった。

度経済成長、そしてバブルの時代を経験した。その時代はまた、地震災害という面でも恵まれた時代だった。第2章で言及する見田宗介の扱った戦後45年間は、ほぼこの幸運な時期に当たる。

東日本大震災を引き起こしたマグニチュード9の地震によるプレートのひずみは、今後周辺のプレートに大きな影響を与えると予測されている。

2011年秋、東大地震研究所は、マグニチュード7クラスの首都圏直下型地震が、今後30年で98パーセント、4年以内で70パーセントの確率で起きると発表して、世間を大いに驚かした。ただし、再計算の結果では、30年以内83パーセント、4年以内50パーセント以下と修正した。京大防災研究所の研究者によれば、30年以内に64パーセント、5年以内に28パーセントということである。東大と京大の対抗意識はこのようなところにも表れているようだ。いずれにせよ、けっして低い確率ではない。今後30年とは、50歳以下の人の多くが生存している期間である。その生存期間に、64パーセント、あるいは83パーセントの確率で地震が起きるのである。

地質調査や文献資料によれば、東海地震、東南海地震、南海地震はそれぞれマグニチュード8クラスの大地震で、約90年から150年の間隔で発生したとされる。近いところでは、1707年の宝永地震は連動型だった。1854年には安政東海地震と安政南海地震が連動して起きた。1944年に昭和東南海地震、1946年

兵庫県南部地震により倒壊した高速道路の橋脚（『地震防災学』大塚久哲編著、九州大学出版会、二〇一一年より）

には昭和南海地震が生じている。過去の経緯を当てはめれば、それら三つの地震は近い将来に発生が予測される。恐ろしいのは三つが連動するときである。２０１２年の内閣府の検討会によれば、関東以西の30都府県で最悪32万3、０００人の死者が出る可能性があるという。

以上のような意味で、日本列島は地震の活動期に入ったといえる。

地震だけではない。火山の噴火、また最近激しさを増している台風、**豪雨**、それに伴う洪水、土砂崩れは、これからも日本に大きな災害をもたらすだろう。

問題は、日本が地震の活動期に入ったことや台風等の大型化だけではない。寺田寅彦は「文明が進めば進むほど天然の暴威による災害がその激烈の度を増すという事実」を指摘する。そして、20世紀の現代では日本全体が一つの有機体になっており、一部の地域の不都合が全国に波及するという（小宮豊隆編『寺田寅彦随筆集』第五巻、岩波文庫、58－60頁）。これは、ほとんどの天災が人災と融合していることを示している。

そうした融合は別の面にも見られる。地震や災害の経験を無視して集落をつくることで生じる災害がそれである。

昔の人間は過去の経験を大切に保存し蓄積してその教えにたよることがはなはだ

豪雨：気象庁の統計によればアメダス1、０００地点当たりでの時間雨量50ミリメートル以上の雨の回数はこの20年ほどで45パーセント増加している。時間雨量80ミリメートル以上ではさらに急激な増加を示している。とくに近年では、２０１１年７月四国・近畿を襲った豪雨や２０１２年７月の九州北部の豪雨のように、台風や梅雨前線の影響で想定外の雨量が記録されている。また、局地的に短時間で１００ミリメートルを超す雨を降らせる「ゲリラ豪雨」も注目されてきている。

忠実であった。過去の地震や風害に堪えたような場所にのみ集落を保存し、時の試練に堪えたような建築様式のみを墨守してきた。それだからそうした経験に従って造られたものは関東大震災でも多くは助かっているのである。（『寺田寅彦随筆集』第五巻、61頁）

現在、地名の再検討の動きがある。といってもそれは、読みやすさという理由で**「つくば市」**や「さいたま市」のようなひらがなにすることではない。学園都市でありながら、漢字をひらがなにして、住民の国語の程度を下げるような試みはまったく理解できないが、ここでは別のことを述べる。それは、地名の語源を探って過去に災害危険地帯だったことを知る動きのことである。

たとえば、湿地帯を土砂などで埋めた場所や、崩壊で埋められた場所に「埋」の字が使われていれば、誰でも察しがつく。ところが、「埋」は縁起が悪いというので「梅」に変えられることがある。また、崩壊を意味する「欠け」が「柿」に変わる。同様に、崩壊地が「歩危《ぼけ》」なら分かりやすいが、「保木」に変わる。法華経にちなんで縁起のよい「法花」になっていたりもする。「潰《つい》え」が「津江」に、「崩《く》える」が「久栄」に変わったりもする。また、崖を意味する「タキ」が「竹」、「高」、「鷹」になる場合もある。

つくば市：筑波山にちなんだ名称の市。2013年1月1日現在、人口約21・8万人。1960年代から筑波研究学園都市として開発が進み、現在、日本国内最大の学術都市。1987年、周辺の町村を合併するさい、ひらがなの方が誤読されずかつシンプルで現代的であるという理由で「筑波市」から「つくば市」となった。

地名の検討はほんの一例だが、東日本大震災を境に人々の防災意識は大きく変化した。防災グッズが売れ、自治体は防災マップを住民に配布する。地域や学校では防災訓練が真剣に行われている。それだけではない。もっと奥深いところで、これまでの自然観や科学技術に関する考えが揺らぎはじめているようである。東大と京大の地震予測が大きく違うことからも分かるように、現在では地震予知は困難である。(大木聖子・纐纈一起『超巨大地震に迫る――日本列島で何が起きているのか――』NHK出版新書、2011年を参照)。また、原子力を制御することの難しさもわれわれは知ってしまった。自然観、科学技術観、そして人間観、社会観、これらの全体が大きく変わるのではないかと、少なからぬ人が思いはじめている。

しかし、関東大震災の直後、多くの人が日本人の意識の変革を叫んだにもかかわらず、その声は政変や戦乱の中にむなしく消えていった。90年後の現在も同様の過程をたどるかもしれない。グローバル化の中での経済や政治の激動、領土をめぐる紛争、エネルギー需給逼迫等の出来事の中で、震災後の緊張が弛緩していく可能性がある。今回の震災が同じ轍を踏まないことを私は強く願っている。東日本大震災が新しい時代を到来させつつあることを忘れないためにも、災害とともにあるこの時代を「共災の時代」と呼ぶことにしたい。われわれは今、共災の時代に立っているのである。

災害のグローバル化

「共災の時代」とは、地震大国といわれる日本や一部の国にだけ当てはまることではない。

地球上で発生する地震の約80パーセントが、太平洋の周囲を取り巻く地帯で生じている。そこでは火山活動も活発であり、災害の頻発する地帯である。とはいえ、イタリアやポルトガルなどのヨーロッパ、また中国内陸部やチベットでも大きな地震が起きている。洪水、**台風**（**ハリケーン、サイクロン**）、竜巻、雷、山火事まで含めると、世界中に災害は分布している。地球温暖化の影響ともされる風水害の増大も各地で危惧されている。

さらに、福島第一原発の事故から明らかなように、ひとたび原発事故が起きれば放射性物質は空へ海へと世界中に拡散する。一つの国がいくら防災に努めても、放射能による汚染はグローバルな影響をおよぼす。原発だけではない。世界の核弾頭総数は、**戦略核**で約5、000、戦術核を含めると2万を超える。これがひとたび使用されれば被害は原発の比ではない。また、核兵器にも事故が想定され、これも広範囲の放射能汚染を引き起こす。使用済み核燃料を無毒化するには10万年という気の遠くなる年月が必要である。

台風：ハリケーンはカリブ海・メキシコ湾・北大西洋西部・北太平洋東部に発生する熱帯低気圧。北太平洋西部・南シナ海に発生する熱帯低気圧は台風、インド洋に発生する熱帯低気圧はサイクロンと呼ばれる。

戦略核：大陸間弾道弾、潜水艦発射核弾道弾、核爆弾を積載する長距離戦略爆撃機など、戦略的目標に用いられる核兵器。原子砲弾、核爆雷、近距離核ミサイルなど、戦場で用いる核兵器は戦術核と呼ばれる。

有機水銀やPCBなどによる海洋汚染も深刻な状況にある。**オゾン層の破壊**はフロンガスの規制により徐々に弱まっているとはいえ、南極のみならず北極にも破壊がおよんでいることが最近判明した。世界の人口は70億人を突破し、世界的な食糧危機がますます現実味を帯びてきている。これまで貧しかった国々が経済発展するにつれて、**消費される食糧**も飛躍的に増大した。さらに、SARSや新型インフルエンザに見られるように、人と人の交流の活発化により、感染症は一国だけの問題ではなくなっている。

社会学者の**清水幾太郎**は、地震のような一つの災害が火災や津波といった他の災害を引き起こすことを「災害の立体化」と呼んだ。現代では、多くの災害は立体化だけでなく、グローバル化している。地震や台風がない地域でも、食糧生産国の干ばつや多雨によって食糧危機（飢饉）は生じうる。このように、放射能や化学物質による大気汚染、海洋汚染、そしてオゾン層破壊による紫外線への暴露、また感染症の越境、食糧危機等々、国境や海を越えて降りかかる災害は、枚挙に暇がない。

さきに寺田寅彦の考えを挙げた。それは、20世紀では日本全体が一つの有機体になっており、一部の地域の不都合が全国に波及するというものだった。21世紀の現代では、国ではなく世界全体が一つの有機体のようである。

東日本大震災では多くの企業が被災した。とくに東北地方や関東北部に工場が集

オゾン層の破壊：オゾン層とは地球の大気中でオゾンの濃度が高い部分（高度約10－50キロメートル）のこと。太陽からの有害な紫外線の多くを吸収し、地上の生態系の保護や皮膚がんなどの病気の防止の役割を果たしている。近年では、フロンの規制によりオゾンホールの拡大は止まりつつある。

消費される食糧：農林水産省の統計によれば、1970年の世界の穀物生産量が1、079百万トンであるのに対し、2012年では2、280百万トンと倍増している。

清水幾太郎：社会学者・評論家。1907－1988。60年安保闘争の指導者として華々しく活躍するが、その後、防衛力の増強を主張するなど思想的立場を右旋回させて話題になった。代表作『現代思想』、『倫理学ノート』。

中していた自動車部品や半導体、電子部品は深刻な供給不足を起こした。そのため、国内だけでなく、世界的に、自動車や家電などの生産が滞ることになった。

災害はグローバル化している。一部の地域に生じた天災は、グローバルなネットワークを通じて、たちまち世界中へ影響をおよぼす。まさに天災は人災と融合しているのである。

このような時代にわれわれは生きている。それは、日本列島が地震の活動期に入ったことを越えて、人類が災害とともにある運命共同体の時代、共災の時代に入ったことを意味している。

共災の時代とは、災害とともにある時代、災害と共存する時代である。それは現在世代や将来世代をみすえて、災害に対する防災や減災を自覚する時代というだけではない。自然のもたらす恵みに感謝し、自然の美を愛でること、自然への畏敬の念を持つことも含んでいる。自然について、人間の生き方について、考え方が大きく変わる時代である。そのことについて、これから語っていきたい。

第1章

天譴《てんけん》の思想的基盤

関東大震災の被害。浅草十二階の9階残存側
（国立科学博物館提供）

関東大震災とリスボン地震

災害とともにある生き方について考える上で参考になるのは、さきに言及した清水幾太郎が書いた「日本人の自然観」（1960年）という論文である。これは関東大震災について論じたものである。

関東大震災は、1923年9月1日11時58分、神奈川県相模湾北西沖80キロメートルを震源として発生したマグニチュード7・9の大正関東地震による地震災害である。190万人が被災し、死亡・行方不明は10万5千人余、建物の全壊が10万9千余棟、全焼が21万千余棟であった。

昼食の時間帯だったため、136件の火災が発生した。避難する人々による混雑で消火が困難となり、大きな被害が出た。陸軍本所被服廠跡地（現、東京都墨田区横網）の公園では、火災により3万8千人が犠牲になった。これだけで震災の全死者・行方不明者の3分の1に当たる。それに比べて、津波の被害はあまり知られていないが、太平洋沿岸の相模湾沿岸部と房総半島で発生し、高さ10メートル以上の津波が記録された。また、山崩れや崖崩れ、それに伴う土石流による家屋の流失や埋没の被害は、とくに神奈川県で甚大だった。

たとえば、神奈川県根府川村（現、小田原市の一部）の根府川駅では、ちょうど通

リスボン地震：1755年11月1日に発生した地震。西ヨーロッパの広い範囲で強い揺れが起こり、ポルトガルのリスボンを中心に大きな被害を出した。津波と火災を伴い、建物倒壊による死者2万人、津波による死者1万人を含む、5万5、000人から6万2、000人が死亡した。推定されるマグニチュードは8・5–9・0。

りかかっていた列車が駅舎もろとも土石流により海中に転落し、１００人以上の死者を出した。さらにその後の別の土石流で村の大半が埋没し、数百名の犠牲者を出した。

清水は関東大震災（１９２３（大正12）年）を**リスボン地震**（１７５５年）と比較する。それによれば、死者・行方不明者は、それぞれ15万人、１～１・５万人である（ただし、最近では関東大震災の死者・行方不明者は約10・５万人とされている。また、リスボン地震の死者も数万人にのぼるとされる）。リスボンでは、地震の後に大火災や大海嘯（潮津波）が発生した。清水のいう「災害の立体化」である。この点は関東大震災も同じである。

清水は、関東大震災と違ってリスボン地震は、ヨーロッパ思想界に大きな衝撃を与えたという。たとえば、啓蒙思想家として名高い**ヴォルテール**は、リスボン地震に触発されて『カンディード』を書き、論争の口火を切った。

『カンディード』では、悪人が次々登場し、悲惨な死をむかえる人も数知れない。主人公カンディードと一緒に苦難の旅をするパングロスは、**ライプニッツ**の最善説の擁護者である。彼は、主人公とともにリスボンで地震にあう。

ヴォルテール：フランスの作家・思想家。１６９４－１７７８。啓蒙主義の代表者。百科全書派の学者の一人として活躍。理性と自由に重きを置き反カトリック・反権力の論を展開。代表作『哲学書簡』、『哲学辞典』、『カンディード』。

『カンディード』：１７５９年ヴォルテール著。リスボン地震をきっかけに書かれた。ドイツのウエストファリアの領主の甥カンディードは、ライプニッツの最善説を信じていた。しかし次々に襲う災難や悲惨は最善説を論駁するものだった。ただし同行する元家庭教師のパングロスはあくまでそれを信じ続けた。

G・W・ライプニッツ：ドイツの数学者・哲学者。モナド論や予定調和説によって知られる。ニュートンと同時期に微積分学を形成する。代表作『形而上学序説』、『モナドロジー』、『弁神論』。

恩人の死を嘆きながら二人が町に足を踏み入れると、たちまち足元で大地が揺れるのを感じた。港の海水は泡立って高く盛り上がり、停泊中の船を砕くのだった。炎と灰の渦が町の通りや広場を覆いつくし、家々は崩れ落ち、屋根は建物の土台のところにまで倒壊し、土台は散乱し、三万人の老若男女が廃墟の下敷きになって押しつぶされた。（ヴォルテール『カンディード　他五編』植田祐次訳、岩波文庫、285－286頁）

パングロスは、ここで、事態はそれ以外にはありえないのだと断言して、被災者たちを慰める。

「なんとなれば」と、彼は言った。「こうしたことはどれも最善であるからだ。なんとなれば、リスボンに火山があるからには、その火山はほかの地には存在しえなかったからな。なんとなれば、事物が現にいまあるところに存在しないなどということは、ありえないではないか。なんとなれば、すべては善であるからだ」（同書、288頁）

ヴォルテールは、現実は神が創ったままのあるがままの姿において善であるという、ライプニッツの哲学を批判する。カンディードが目にした数々の惨劇が示すように、地上は最善の世界ではなく、さまざまな欲望と悪で満ちているのである。

これについて、経済思想史・政治思想史の論で知られる佐伯啓思は、東日本大震災後の論考「文明の危機と世界観の転換」で次のように述べている。リスボン地震は、神が創造した世界に悪が存在する矛盾を解消しようとするキリスト教の立場に大きな打撃を与えた。このような神と悪の矛盾を解消する議論は「**弁神論**」といわれる。弁神論への批判は、当時勃興していた啓蒙主義的、近代的合理主義的な世界観が広まる一つの契機となった。

佐伯はそこに重要な次の3点を見る。①自然から解放され、自然を支配して、自らの幸福の条件を作り出すことが人間の自立＝自律であり、そこに近代社会の意味がある。②人間は、はじめは自然の脅威、恐怖にたじろぐが、人間の意志と理性はそれに打ち克とうとする。**カント**が述べるように、そこにこそ崇高さがある。それは、自然の脅威のうちに神の罰や意図を見る神秘主義的な考え方から、人間を救い出すものだった。③自然の猛威に恐怖するのでなく、虚心に誠実に対処すれば、人間の力を超えて「神」を見ることができる。また、神の業に対して崇高な感情をもって向き合うことができる。しかし、現代のように信仰を失った時代では、理性は重力圏をでたロケットのように暴走してしまう（佐伯啓思「文明の危機と世界観の転換」西部邁・佐伯啓思編『危機の思想』NTT出版、2011年、47－48頁）。

弁神論：世界にある悪の存在が全能の神の善性と矛盾しないことを明らかにする議論。旧約聖書の時代からある問題を、ライプニッツは、この世界は無数の可能な世界の中で最善の世界を神が選んで創造したという観点から、神の正義を正当化した。

I・カント：ドイツの哲学者。1724－1804。理性は因果性にもとづく経験を超えた認識ができないこと、理性の定める道徳法則に従うことが自由であること、また因果法則で認識された自然とは別に生物の世界や美の世界があることなどを主張。代表作『純粋理性批判』、『実践理性批判』、『道徳形而上学原論』、『判断力批判』。崇高論は『判断力批判』で論じられる。

ところが関東大震災には、そのような思想的意味を認めることはできない。ここに清水は憤りを感じる。

（リスボン地震の——筆者注）この全ヨーロッパ的な意味は、地震の物理的な大きさ以上に、その思想的な大きさによっている。そして、私が関東大震災をリスボンの地震と関係させるのは、もっぱら、この思想的な大きさによる全ヨーロッパ的な意味のゆえである。だが、この思想的な大きさという観点が現れるや否や、関東大震災はリスボンの地震の背後に小さく霞んでしまわなければならない。なぜなら、関東大震災は、その物理的な大きさや、破壊と死者の数を誇るのみであって、思想的な大きさは殆ど認められないからである。リスボンの一万乃至一万五千の死者には思想史上の意味が加えられたのに反して、関東大震災の十五万の死者は空しく死んでいる。誰に向けてよいのか判らぬ憤りが、今も私の内部に残っている。（『清水幾太郎著作集』第11巻、225頁）

被害の規模でははるかにまさる関東大震災であるが、それは、清水の表現を借りると「天災史というプロセスに溶けると同時に、当時の社会的動揺という短期的プロセスに溶けて行く。」（同書、188頁）

第1回メーデー：1920年5月2日日曜日に上野公園で行われ、およそ1万人の労働者が「8時間労働制の実施」「恐慌による失業の防止」「最低賃金法の制定」などを訴えた。メーデーは翌年からは5月1日となり、開催地や参加人数も増えていった。

原敬：外交官・政治家。1856－1921。政友会第3代総裁。1918年日本初の本格的政党内閣を組織。爵位を拒み続けたため平民宰相と呼ばれる。1921年、東京駅で右翼青年により刺殺される。

安田善次郎：実業家。1838－1921。江戸で両替屋を営んで成功。維新後政商となり、

「社会的動揺という短期的プロセス」とあるが、実際、その当時は大きな事件が次々と起きた。1920年の**第1回メーデー**、21年の**原敬**と**安田善次郎**の暗殺、22年の日本共産党および日本農民組合の結成、**ワシントン会議**での軍縮の進行。そして大震災の年（1923年）の小作争議やストライキ、アナーキストとマルクシストの闘争、共産主義者の検挙、**有島武郎**の自殺。また、大震災直後の**大杉栄**や平沢計七の虐殺、大震災から3ヵ月後の12月に起きた、当時の摂政である皇太子裕仁親王（のちの昭和天皇）への難波大助の銃撃事件とそれに続く内閣総辞職などである。これらの不安と動揺の世相の中に関東大震災は、大きくはあるが一つの事件として溶けていくことになる。

「天災史というプロセス」の文脈に即していうと、関東大震災は時折われわれを見舞う見慣れた客とみなされた。それほどに日本は大きな地震を数多く経験してきた。清水は次のように述べる。

> その被害がいかに大きくても、関東大震災は一回限りの絶対の事件であることは出来ない。それは日本人の上を見舞い、どこかへ去って行き、或る期間の後に再び訪れて来るところの、言い換えれば、循環のプロセスを動くところの、新鮮でない、見慣れた訪客なのである。（同書、186頁）

安田財閥の基礎を築く。富豪の責任を果たしていないとして刺殺されるが、生前に匿名の寄付を多く行っていた。

ワシントン会議：第1次大戦後の1921年11月から22年2月にワシントンD.C.で開かれた国際軍縮会議。海軍主力艦の保有量が制限され、日本は対米英比で6割とされた。日英同盟も破棄された。

有島武郎：小説家。1873－1923。有島生馬・里見弴の兄。志賀直哉・武者小路実篤らとともに同人「白樺」に参加。人道主義的傾向が強く、財産を放棄。人妻波多野秋子と心中。代表作『カインの末裔』、『生れ出づる悩み』、『惜みなく愛は奪ふ』。

大杉栄：思想家・無政府主義者。1885－1923。社会主義運動に参加し幾度か投獄。『近代思想』、『平民新聞』を発刊。クロポトキンの翻訳、エスペラント語の紹介。関東大震災の際、憲兵大尉甘粕正彦により妻伊藤野枝らとともに殺害される。

この「見慣れた訪客」という表現は、日本の神を「まれびと」と規定した折口信夫の説を踏まえているものと思われる。地震はそのように規定されることで、たんに自然界の出来事ではなく、われわれと深い関係を持つ存在となる。

臨時雇いの観念としての天譴

清水がいうところの「天災史というプロセス」と「社会的動揺という短期的プロセス」の両者は、人々に「天譴《てんけん》（天罰）」という思想を容易に思い浮かばせた。たとえば、詩人で小説家である長田秀雄は次のように書いている（以後、戦前の文章の引用に際しては、漢字の旧字体は新字体に直したが、ひらがなについてはそのままにしてある）。

> 震前、我々は、我々の生活がもう行きづまってゐると云ふ事をハッキリ感じてゐた。感じてはゐたが、これはどうする事も出来ない事であった。——このまま進んで行ったならば、近い内にきっと何か恐ろしい事が起るに違いないと友だちと話合った事も二三度ではなかった。（中略）私は新聞記事の中である無料宿泊所の失業者の云った言を読んだ。それはかうである。「かう仕事がなくては全くやり切れませんよ。

折口信夫：民俗学者・国文学者・歌人。1887－1953。柳田國男の弟子として民俗学の基礎を築いた。日本の神を「まれびと」として規定。歌人としては釈迢空《しゃくちょうくう》の名で知られた。代表作『古代研究』、歌集『海やまのあひだ』、小説『死者の書』。成し遂げた研究は「折口学」と呼ばれる。

一つ何か大きな事件が起って天下が引くり返ってくれればいいと思ひますよ。我々は大地震とか大戦争とかさう云ふ物をこの頃始終夢想してゐますよ。」（中略）伝へきく安政の大震は、世直しの地震と云はれて、漸く行きつまった太平の時代の鬱屈を解いたさうである。この大震が世直しの地震と云はれて、新たに興る文化の基礎となって欲しい物である。（『中央公論』1923年11月号、133頁）

関東大震災では、ほとんどの人が天譴として受け止めた。それは自然災害を人間にとって意味ある出来事とみなすことであったと清水はいう。

天譴という観念が持ち出されることによって、天災は無意味な自然現象であることをやめ、人間にとって有意味な、しかも積極的な方向に有意味な事実となる。天災は、人間の願望や意図や行動が知らぬ間に招き寄せたところの事実、即ち、人間の側に一種の対応物を持つところの事実となる。了解可能な事実となる。そして、この対応物にたいする懲戒乃至刑罰の意味が認められることを通じて、天災の了解可能性は一層増大する。天譴の観念は、天災を彼岸から此岸へ連れて来る。（清水、前掲書、189－190頁）

天譴、天罰は人間に対する神からの罰であり、一般に、不自然なもの、自然に反するもの、自然にそむくものが対象とされた。すなわち、腐敗したブルジョア社会、プロレタリア文学、都会、化粧、鉄筋コンクリート建築など、当時の文化がやり玉に挙げられた。「自然の破壊的作用によって生じた一切の既成事実は、自然的なものとして、それゆえに、望ましいものとして事後的に弁明される。このように、何も彼も自然の闇の中に消えてしまう。」（同書、２０５頁）

しかし、天譴は非選択的である点で致命的である。「天譴は、これを蒙らねばならない人間を選び出して、この人間の上にのみ下ったのではない。」（同書、１９４頁）善良な生き方をしていていわば巻き添えをくった、多くの死者と行方不明者に対して、天譴を唱える人々はどう考えていたのだろうか。清水はそこに現在では想像もつかないほどの身分差別をかぎとっている。死は人の身分によって重さが異なると考えられていたという。

無一物にしろ、死にしろ、身分の差別に応じて、その意味を異にする。それゆえに、社会改革論者である生田長江や内田魯庵にしても、腐敗したブルジョア社会への鉄槌というプラスと引き換えに、十五万の大衆の死というマイナスを歓迎し肯定することが出来たのであろう。非選択的な天譴の観念を受け容れることが出来たのであろう。

（同書、196頁）

また、清水は『方丈記』を引き合いに出して、次のようにいう。

人間は自然を暴力として解釈することによって絶望し、これを美として解釈することによって救済される。（中略）われわれは、暴力によって突き倒された人間が美としての自然によって救い上げられるという循環の軌道を歩み続けて来たようである。（同書、219頁）

清水の憤りは具体的には、関東大震災の後、天譴の観念を徹底的に議論しなかったことにある。突きつめた議論があったならば、伝統的な自然崇拝から抜け出すことができたかも知れないのである。リスボン大地震では、キリスト教的な天譴の思想が真摯に受けとめられたから、それへの徹底した批判も真剣に議論された。ところが日本は違っていた。清水はこう述べている。

古い中国の天の思想も、キリスト教の神の思想も、多くの人々にとっては全く欠けていた。それを支えるだけの強固な伝統も誠実な信仰もなしに、いわば取敢えず、地震は天譴であると説かれたのであって、天譴は一つの臨時雇の観念であった。（中略）

『方丈記』：鎌倉初期の随筆。鴨長明（1155？-1216）著。1212年成立。大火、竜巻、飢饉、大地震などの天変地異を背景に仏教的無常観を述べる。長明が晩年住んだ一丈四方の庵で書き記したことから「方丈記」と自ら名づけた。日本中世文学の代表的な随筆。

日本の天譴は、非常の事態を合理化するのに便利な合言葉として使われていただけで、この観念をトコトンまで擁護する試みも、また、これをトコトンまで否認する試みも見られぬまま、いわゆる帝都復興の進むにつれて消えてしまったのである。それは、関東大震災にたいする唯一の思想的反応のように見えながら、しかし、実は、心理的反応に近い、ムード的なものにとどまった。（同書、２３０－２３１頁）

今回の東日本大震災の多くの犠牲者を前にして、われわれは清水の憤りを重く受けとめる必要がある。

点検としての天譴

清水は、関東大震災が思想的変革をもたらさなかったことに憤りを感じている。それでは、天譴について当時の人々はどう考えていたのか。震災直後の**『中央公論』**の記事からそれを探ってみよう。

まず眼を引くのは「天譴思想」、すなわち震災は神が与えた罰であるという思想への言及の多さである。天譴、天罰については賛否両論が述べられるが、国民の中にこの考えが根づよくあったことがうかがえる。

『中央公論』10月号の吉野作造の「時論」は、震災直後に天譴、天罰ということが

『中央公論』：１８８７年京都の西本願寺から創刊された『反省会雑誌』、その後の『反省雑誌』を前身とし、１８９９年『中央公論』と改題。発行は反省社。１９１４年中央公論社と改称。大正デモクラシー時代の言論をリードした。１９４４年軍部の勧告で廃刊。１９４６年復刊。
吉野作造：政治学者。１８７８－１９３３。大正デモクラシーの立役者。民本主義（democracyの訳語）を提唱。天皇主権の時代的制約の中で政治・外交・社会の民主化要求の論陣を張り、知識層に大きな影響を与えた。『明治文化全集』を編集。

一般に語られていたことを示している。

例へば、最近の奢侈虚栄の弊風はひどいものであった。今度の災は正に天罰だなどといふ様なことは道行く彼これの群れに最も普通に交換されるを見る。どれだけ深く考へてゐるのかは分らないが、兎に角人々の心の底に一種の道徳的悔恨の情の兆して居ることだけは疑を入れない。只これが一時の思付きとして終るか、又は更に発展して将来の生活を改革規律する原動力となるかは、今後の発展に俟つ外はない。（164頁）

普段は天罰とか天譴などを信じない人でさえ、震災後はその言葉が現実性を帯びたものと感じたようである。たとえば、同号掲載の経済学者堀江帰一の「東京市の災害と経済的復興策」には次のようにある。

私は平生から天の配剤とか、神意の啓示とか云ふことを信じないのであるが、今回の震災火難を以って、天が東京市民積年の悪業に対して、余殃《よおう》*を下したものであると云ふ説に対して、多少の意義ありとせざるを得ない。奢る平家の久しからず、歓楽極まって、哀傷の来るが如く、東京市民も正しく天の鉄槌を一下されて、心魂に徹する痛みを受けたものに外ならない。（51－52頁）

＊注：悪事のむくいとしての災禍。

現在では、天譴観念は忘却されている。震災直後の**石原東京都知事**による「天罰」という発言も多くの人の批判を浴びた。では、現在では天譴思想はもはや無用なのだろうか。それはまさに前世紀の遺物なのだろうか。天譴思想は罰の側面が注目されがちである。しかし、それはむしろ、災害をポジティブに受けとめる思想とみなすことができる。その点で現代においても意義を持つといえる。

語呂合わせに聞こえるかもしれないが、「天譴」とは「点検」でもある。そう私は考える。それは、大災害に遭遇して、すべての国民がみずからの来し方と行く末を誠実に顧みることである。そこでは、天に恥じない生き方をしてきたのかが問われる。過去の教訓を活かし、将来の世代への責任を感じて日々の生を営んでいるか、あるいは政策を立案遂行してきたのかが問われる。こうした点検としての天譴をわれわれは真剣に考えてみる余地がある。

日本の災害の歴史を見ると、古い時代から、居住地、住居等の対応や土木工事といった対策とともに、為政者は反省を行い、政治の改善も行ってきた。

教育者であり政治家である内ヶ崎作三郎の「日本文化に及ぼしたる環太平洋地震圏の影響」(『中央公論』1923年11月号、13頁)には、次のようにある。

詔勅集を通覧すれば、災異殊に地震が政治の改善に多少の貢献をなしたことが解

石原東京都知事：2011年3月14日石原慎太郎東京都知事は、「日本人のアイデンティティは我欲であり、この津波を利用して我欲を洗い流す必要がある。津波は天罰だと思う」という趣旨の発言をしたが、翌日発言が被災者を傷つけたとして撤回した。

る。（中略）されば日本災異史の一面には単に民心の疾苦のみならず、民政の発達が並行したことも考察せなければならない。

天変地異や災害を天譴、天罰として受けとることは、それまでの生活や政治を反省し改善することである。関東大震災直後に言及された天譴、天罰の観念は、生活や政治への道徳的反省を示している。ただし、道徳的反省といっても、明確な道徳規範にもとづくというよりも、清水もいうように「心理的反応に近い、ムード的なもの」であった。

天譴、天罰の考えをたんなる心理的反応やムードに終わらせないために、その基盤にある思想について少し考えてみよう。

生命力と秩序化の原理

『古事記』によれば、天地初発のときに高天原にまず出現したのは、天之御中主神《あめのみなかぬしのかみ》、高御産巣日神《たかみむすひのかみ》、神産巣日神《かみむすひのかみ》の三柱である。最初の神、天之御中主神は何も仕事をしない。**河合隼雄**はそれを日本文化の「中空構造」の象徴であるという（『中空構造日本の深層』中央公論社　1982年）。二番目と三番目の神は「産巣」で特徴づけられる。これはムスコ、ムスメの「ムス」であり、産出力を表している。この二柱の神

河合隼雄：心理学者。1928－2007。元文化庁長官。日本におけるユング心理学の第一人者。臨床心理士の資格認定に貢献。箱庭療法を日本に紹介・普及。日本文化論でも知られる。代表作『ユング心理学入門』、『中空構造日本の深層』、『昔話と日本人の心』。

は子孫の神々を作るだけではない。天孫降臨や地上の平定などの大事な場面でも登場する。このような産出する力、生命力が古代神話の基盤を形づくっている。

もう一つ特徴を挙げると、神々は、概して、天上と地上の秩序化をめざしている。そのことは、イザナキ、イザナミの男女神が、それ以前に成り出た神々から「この漂へる国を修《おさ》め理《つく》り固《かた》め成せ」と命令されて島々を生んでいくくだりからも明らかである。またそれは、**オホクニヌシの命**が**スクナヒコナの命**とともに、地上を「作り堅め」たことにも表れている。

さらに、天上の神々による地上の征服（いわゆる天孫降臨）のきっかけは、地上の国がひどく騒がしいという言葉だった。「豊葦原の千秋長五百秋《ちあきながいほあき》の水穂国は、いたく騒《さや》ぎてありなり。」これをうけて、秩序の確立のため地上の征服が行われることになる。

それでは、具体的にはいかなる秩序化がめざされているのか。どのような秩序が望ましいのか、また価値あるとされるのか。しかし、秩序について神話が語るのは、共同体の秩序を維持することと、高天原の神々の子孫である天皇を中心にすることである。それ以上のことを神話は語らない。

このように、日本神話を特徴づけているのは、生命力と秩序化の二つである。つねに新たに生成し生み出す無限の豊穣ともいえる産出力と、そのようにして生み出

オホクニヌシの命：スサノヲの6代後の子孫。兄弟中の末席だったが、皆が憧れる女神を射止めたことで嫉妬され2度殺される。蘇るたびに強くなり兄弟たちを屈服させ、スクナヒコナとともに地上に秩序を確立する。アマテラスの子孫の降臨に際し地上の支配権を譲り、出雲大社に祀られる。

スクナヒコナの命：タカミムスヒノカミの子。体が小さくガガイモに乗って海を越えやってきて、オホクニヌシとともに国造りを行った。『古事記』では、その後、常世の国に渡ったとされる。

されたものの秩序化、これは生命の根本原理といってよいだろう。薬学者であり諸学の統合の視点から生命の解明をめざす清水博の『生命を捉えなおす』（中公新書、2009年）によれば、「生命とは動的秩序を自ら作り出す能力である」。すると、日本神話を貫くものは、動的秩序を自ら作り出す能力の生成と展開であり、生命的世界観にほかならないといえる。それは世界を生命としてとらえるものである。一切のものに霊、魂、アニマが宿るという意味で、アニミズムともいえる。

天から罰が下るのは、人間の側が悪いことをしたからであると古代の日本人は受けとめた。では、悪いことの基準は何だろうか。それは、共同体の秩序をみだすことであるといえる。

『**延喜式祝詞**《えんぎしきのりと》』の中の「六月晦大祓《みなづきのつごもりのおおはらえ》」には「天津罪《あまつつみ》」と呼ばれる罪がある。具体的には、畔を壊す、灌漑用の溝を埋める、溝の樋を壊す、人が種をまいたうえに種を重ねてまく、所有権を表示する串を他人の田畑に立てる、清浄であるべき宮を汚物でよごすなどである。これは、スサノヲが高天原で乱暴狼藉をはたらいたときのふるまいをもとにしており、共同体の秩序をみだす行為である。スサノヲはこれによって高天原を追放されることになる。

また、「六月晦大祓」では、傷害、死体損壊、近親相姦などの「国津罪《くにつつみ》」も挙げられる。国津罪は雷や虫の害のような自然災害も含んでいて、われわれの理解する

『**延喜式祝詞**』：平安時代中期に編纂された律令の施行細則である『延喜式』巻八に収録された祝詞。

「罪」概念とは異なっている。それについては種々の説がある。**井上光貞**は、天津罪、国津罪の「罪」を、「犯した罪の災気」とする（『井上光貞著作集』第一巻、岩波書店、263頁）。しかし、ここでは、国津罪も広義には、共同体の秩序をみだすことであるとしてよいだろう。

以上の罪を犯すと神は天譴、天罰を下すと考えられるが、それを順守していればよいというわけでもない。たとえば、天譴が下る理由が、神が自分を祀《まつ》ってほしいことである場合もある。

崇神天皇の世に、疫病が流行して多くの人が死んだ。憂えた天皇は夢に神意を得ようとして、忌み清めた床にお休みになった。すると**オホモノヌシの神**が夢に現れて、この疫病は私の意志によるのであり、オホタタネコを神主にして祀らせれば祟《たた》りは消えるだろうと告げる。オホタタネコは、ハンサムな青年に化身したオホモノヌシが、人間の女に生ませた子の子孫だった。お告げ通りにすると疫病はおさまったとある。

善悪を超越する神

善悪についていえば、人間の世界での善悪を神は超越している。人間の世界での善悪とは、たとえば、公平である、約束を守る、親切である、あるいはその逆の、

井上光貞：歴史学者。1917－1983。国立歴史民俗博物館初代館長。律令制以前の政治社会組織研究の基礎を形成。代表作『日本古代国家の研究』、編集企画中央公論社版『日本の歴史』。

オホモノヌシの神：奈良県大神《おおみわ》神社の祭神。蛇体であるが、美貌の青年に化して人間の女に通じる。祟り神としても知られる。スクナヒコナの去った後にオホクニヌシと国作りを完成。「モノ」は「モノノケ」の「モノ」と同様、対象を指して呼び出すことを避ける表現と言われる。

自己中心的である、うそつきである、冷酷であるといった、道徳的意味での善悪である。また、快・苦、あるいは平穏・災害のような、道徳と直接にはかかわらない善悪も含む。それらは人間の世界で通用するが、神はそれに無頓着である。

そのことは、**本居宣長**による神の定義（『古事記伝』）にも表れている。宣長によれば、神とは、天地の諸々の神々、神社に祀られている霊、さらには、海、山、鳥獣草木など、「尋常《よのつね》ならずすぐれたる徳《こと》のありて、可畏《かしこ》き物を迦微《かみ》とは云なり」とされる。（『古事記伝』三之巻）

さらに、神が人間にとっての善悪を超越することを次のように述べる。

すぐれたるとは、尊きこと、善きこと、功《いさを》しきことなどの、優れたるのみを云に非ず。悪きもの奇《あや》しきものなども、よにすぐれて可畏《かしこ》きをば、神と云なり。（『古事記伝』三之巻）

神の特徴である「すぐれたる徳」とは、ふつうに理解されるような道徳的なもの、人間的な善悪ではない。人間から見て悪であるもの、怪しいものでも、尋常以上の力を発揮するものは神と呼ばれる。人間に災いを起こす存在でも、威力があれば神とされる。神のふるまいは、生命の力の優越性を示しているが、けっして道徳的善

本居宣長：江戸中期の国学者・医師。国学四大人の一人。1730－1801。賀茂真淵に師事。三十余年を費やし当時解読不能になっていた『古事記』を読み解く『古事記伝』を完成。儒仏を排して古道に帰るべきことや、日本固有の情緒「もののあはれ」を提唱。代表作『古事記伝』、『源氏物語玉の小櫛』、『玉勝間』。

悪の基準にはならないのである。

また、ここでは「徳」を「こと」と読む。いわゆる道徳的・倫理的特性が消えている。「徳」はまた「いきほひ」と読まれる場合もある。このように、「すぐれたる徳」は、神の場合は、尋常ならぬ力、威力と解したほうがわかりやすい。すなわち、われわれが普通考えているような道徳的な意味での「徳」とは異なる概念がここにある。古代の日本人は、「いきほひ」（勢力、威力、活動力）という意味を表すのに、漢字の「徳」を用いた。力、威力をもつ存在が徳を持つ。つまり、畏敬され、人を魅きつけ、また支配者となるにふさわしいとされたのである。

だからといって、日本の古代思想を特別に非倫理的であるとみなす必要はない。たとえば、『君主論』で知られる**マキャベリ**が使う「ヴィルトゥ（virtu）」は、言葉は徳（virtue）であるが、倫理的特性が薄れて、力、有能といった意味で使われている。そうはいっても、マキャベリの『**君主論**』自体、ヨーロッパ各地で禁書にされるような非倫理的な代物ではないかと反論されるかもしれない。しかし、マキャベリのこの用法は、古代ギリシア語で徳を表す**アレテー**（*αρετη*）の意味である「卓越性」に淵源をもっていると思われる。そう考えると、「徳」を力ととらえることは、それほど特異なものではないといえる。

N・マキャベリ：ルネサンス期の政治思想家。フィレンツェ共和国の外交官。1469－1527。自らの経験から傭兵に代わる国民軍を企画・創設。弱小国の並び立つイタリアの現実を踏まえた現実主義的な政治理論で知られる。代表作『君主論』、『ローマ史論』。

『君主論』：マキャベリが1513年頃に完成し、メディチ家のロレンツォに献呈。乱世の中で平和と秩序を維持する君主の徳（ヴィルトゥ）が説かれる。人間への不信、権謀術数の必要性を説く。

アレテー：もともと「よさ」、「卓越性」、「優秀性」を意味し、動物や事物にも用いられた。道徳的に理解されがちな現代の日本語の「徳」よりも広い意味をもっていた。ソクラテスは徳を「魂のすぐれてあること」と規定し、それをうけてプラトンは「知恵」、「勇気」、「節制」、「正義」の四元徳を説いた。

持続としての価値

秩序の形成・維持・修復は、生命の根本原理にかかわるものであり、人間と神々で共通の価値である。それ以外で共通すると思えるのは、「清く明《あか》き心」だろう。アマテラスは、スサノヲが高天原にやってきたとき、この心を持っているかどうか疑う。それを証明するために、二神の間で神生みの賭けが行われる。女神を生むことで賭けに勝ったスサノヲは「我が心清く明し」という。

清く明き心に対立する心は、「邪《きたな》き心」、「異心《ことごころ》」、「黒心《きたなき》」などと呼ばれる。「清き明き心」は、**丸山眞男**によれば、心情の純粋性と集団への忠誠を表す言葉であり、日本人の倫理意識におけるキーワードである（『丸山眞男手帖９』１９９９年４月）。**和辻哲郎**もそれを「私心を没して全体に帰依する」こととする。（『日本倫理思想史』第３章）。すなわちそれは、共同体に対する私心なき心であり、共同体秩序の形成・維持・修復をささえる心だといえるだろう。

このように見てくると、共同体の秩序維持を含む生命の根本原理にかかわることが、人間と神で共通の価値であることがわかる。

それに対して、たとえば、人間であれば誰でも知ることができるような原理原則や理を、価値の基盤にすることはどうだろうか。これは欧米思想のように、価値や善悪の基準を理性にもとづかせる立場である。

丸山眞男：日本政治思想家。１９１４－１９９６。近代日本思想史研究の機軸を据えるとともに、戦後を代表する政治学者として理論と実践の両面で活躍。代表作『日本政治思想史研究』、『現代政治の思想と行動』、『日本の思想』、論文「歴史意識の「古層」」。

和辻哲郎：倫理学者。１８８９－１９６０。人間存在を間柄的存在ととらえ、西洋倫理学を批判的に再構成した倫理学の展開に特色。仏像論、風土論をはじめ文化史・精神史にも業績が多い。代表作『古寺巡礼』、『風土』、『倫理学』、『日本倫理思想史』。

日本ではそのような原理原則は「道理」としてとらえられていた。**相良亨**によれば、日本では13世紀に道理についてしきりに説かれた。**慈円**の『**愚管抄**』では「道理」という言葉が138回使われているといわれる。ところが、道理の具体的あり方が明らかでないと相良は述べる。道理は冥神の御心であり、冥神の御心自体は人間には不可知だとされる。

神々の心に触れるには、古来の「清き明き心」や「正直《せいちょく》」、すなわち、純粋にして無死の境地が求められる。私心を排して純粋な心になるとき、道理、理に触れることができるという。しかし、ここで見えてくる道理は、特定の内容を持たない。それゆえ、無私に徹せよとはいえても、それ以上に、いかに生きるべきかを具体的に示すようなものではない。

さらに、純粋にして無私の心情において道理、理に触れることができるということも、宣長によって批判される。宣長において純粋で無私な心情に代わるものは、制度・習俗に従うことであった。それについて相良は次のように述べる。

> 宣長もまた、理の存在そのものを否定していない。しかし「妙理」といわれるその理は、測るべからざるもので、神々のはじめた習俗に生きる時にのみふれうるものである。理の存在が認められても、それが人間一般にとって不可知とされる時、人は、

相良亨：倫理学者。1921－2000。古代から近世にいたる日本倫理思想を日本的道理と情の視点から研究。代表作『近世日本における儒教運動の系譜』、『本居宣長』、『日本人の心』。

慈円：平安時代末期から鎌倉時代の天台宗の僧・歌人。1155－1225。摂関藤原忠通の子。四度天台座主に就任。公武協調路線とともに歌人としても知られる。親鸞が得度を受けた僧でもある。代表作『愚管抄』、歌集『拾玉集』。

『愚管抄』：慈円著。1220年ころ成立。初代・神武天皇から第84代・順徳天皇までの歴史を、末法思想と道理の理念とに基づいて述べたもの。時代の推移に潜む道理をとらえ、それにより同時代の政治と社会を批判し自己の立場を正当化。

ただ制度への随順において、さらには習俗への随順においてのみ理にふれうるものとなる。ここには、定め・習い・例しという習俗を重んじた中世の道理観が、新しい装いをもって浮び上がってきた感がある。（『日本人の心』東京大学出版会、１９８４年、１２７頁）

丸山眞男は、論文「歴史意識の古層」において、日本人の歴史意識を「つぎつぎになりゆくいきほひ」（次々に成りゆく勢い）という表現で規定する。これは『古事記』から見出したキーワード「つぎつぎ」、「なる」、「いきほひ」をつなげたものである。ここでは「生む」でなく「成る」がキーワードとされる。生み手がいれば、生み手の目的や意図があるはずだが、「成る」にはそれがない。ただ自然に成る、生成する。ここにあるのは目的をもった歴史ではない。次々に成りゆく歴史である。

また、「徳」も「勢（いきほひ）」として理解されるため、道徳的善も歴史をみちびくことはない。このような歴史観では歴史の究極目標など存在しないことになる。歴史とは、自然という土俵の上で、人や制度、文化が、勢いをもって次々に展開していくことにほかならない。**江戸時代の儒教**のように、天の理、原理原則を説く立場が普及した時代もあるが、「つぎつぎになりゆくいきほひ」は、古代から現代まで日本人の基底に「**執拗低音**」としてありつづけると丸山はいう（「歴史意識の古

江戸時代の儒教：朱子学と陽明学が伝来。朱子学では、自己と社会、自己と宇宙は理という普遍的原理を通して結ばれており、自己修養による理の把握から社会秩序の維持に到ることができるとする。陽明学では情を含む心そのものが理であると説く。

執拗低音：バッソ・オスティナート。低音を特定のリズムパターンとともに反復する音楽の技法。丸山眞男は音楽にも造詣が深く、このような用語を用いた。

層」『歴史思想集』筑摩書房「日本の思想」第六巻、1972年所収)。

まるで**ダーウィンの進化論**の世界のようである。価値もこれにもとづくことになる。ここにも、生命を基調とする価値観が見えている。勢いがあり、いくつかの時代を生きぬいたものは価値があるとされる。相良亨は、それを「持続としての価値」と呼ぶ。持続ということでいえば、高天原の神々を先祖に持つ天皇家がそうであり、芸能の世界で代々続く家元も、時代の荒波に耐えて持続してきたこと自体が価値を生み出している。

民主主義や平等な社会を理想としていた丸山眞男が、このような歴史観を述べたため、以前の立場からの転向ではないかと考えた人もいた。それに対して、日本の歴史や思想にあるどうしようもなく強固な「古層」を自覚することで、日本社会の変革は可能になるととらえた人もいた。いずれにせよ、丸山眞男は、近代の市民社会の理想を日本に実現しようと徹底的に思索した。それゆえに、日本の思想のうちに執拗低音としてつねに鳴り響くものに突き当たったといえる。

このように、日本の思想の基底にあるのは生命の根本原理を中心とする価値観、倫理観である。そのような価値観、倫理観によれば、近代以来の欧米の、自由、平等、権利、**尊厳**といった価値はどのような位置を占めるだろうか。それらは、近代という時代を通じて持続してきた観念である。そこに、持続するものとしての価値

ダーウィンの進化論：ダーウィン(1809-1882)が提唱。生物進化の自然的原因として「自然淘汰(適者生存)」という機構を定式化。人間を世界の中心とする考えや、目的論的自然観に大きな打撃を与えた。その後、倫理を進化論的にとらえる立場も出現。

尊厳：近代以前も信仰者としての尊厳や貴族としての尊厳などが存在したが、人間が人間であるかぎり絶対的な価値としての尊厳を有するというのは、近代以来の考えである。ただし現在でも、「寝たきり老人の尊厳」などというとき、近代以前のように、人間一般ではなくある特殊な状況下にある人の尊厳という意味で使われている。

を見いだすことが可能だろう。幕末と維新の時代に欧米に門戸を開いて以来、日本は欧米の思想を輸入・消化してきた。その輸入・消化の過程は持続する欧米の価値や制度を価値あるものとみなし、従来の価値、制度に接続してきた過程といえる。

惰性からの回復

関東大震災を天譴と受けとめた人々は、それまでの生活や政治のあり方を変えなければならないと考えただろう。しかし、どのような方向かについての具体的な原理原則を持っていなかった。そこにあったのはせいぜい、それまでの生活、政治が「自然に反する」といった直感であった。

天譴とは大災害をポジティブに受け止め点検の機会ととらえる思想であると述べた。なぜ点検をするのか。まず、大災害は甚大な被害をもたらすから、科学的に客観的に被害の原因を究明し対策を立てる（点検する）必要があるからである。防災対策の練り直しなどは、点検の重要な要素である。

もうひとつの理由は、持続する制度や価値を、持続するがゆえに価値あるものとすることに伴う困難である。つまり、持続してきた制度は惰性に陥りやすいのである。生命の本質は「動的秩序を自ら作り出す能力」にあるが、そこにはダイナミックな秩序形成が要求される。そのようなダイナミックな過程を経過して、なお残りつづけるものにはたしかに、それなりの価値があるだろう。

しかし、時代にそぐわない慣習が惰性的に持続することもある。秩序を動的秩序とし、それを形成・維持・修復し、場合によっては廃棄することによって、社会は本来の動きをする。われわれが心の奥で気づきだした惰性への徴候を、一気に明るみに出す作業が点検である。

さらに、それらを超えて、次のようにもいえるだろう。大災害を通じてわれわれは天や神々に触れている。あるいは、大災害を通じて天や神々がわれわれに接触してきている。そうとらえて、居住まいをただす必要がある。それは、天や神々がわれわれの生の基盤にあることを前提するふるまいである。自然や生の基盤への畏れの表現でもある。

そのような来し方行く末の点検とは、生の基盤にある自然の豊穣さ、いいかえれば、恵みも災いももたらす生そのもの、自然の産出力への応答である。また、**コスモロジカル**な生を送ることの証でもある。そのような点検によって、われわれは微かながらこの世の超越者と意思疎通できる。超越者との意思疎通が可能になるとは、この世の生を相対化する視点を持つことでもある。

関東大震災のときほどではないが、今回の東京都知事の「天罰」発言に賛同ではないにしても、意義を認める人もいる。佐伯啓思は「文明の危機と世界観の転換」

コスモロジカル：宇宙論（コスモロジー）的。コスモロジーとは、存在者の全体を視野にいれた理論で、宇宙の根源的要素と人間の存在や魂を含む宇宙全体が相互に連関し呼応することを説く。

で、天罰について次のように述べる。

—―どうしてわれわれは今回の事態に対して「天罰」という意識をもつのか。それは、西欧近代社会から始まった、自由の拡大、平等性への要求、より良い生活、より便利な生活を手にしたいという欲望、物的財や金銭的価値にたいする渇望、進歩・成長への欲望、こうした「近代の欲望」が、日本においては、何かわれわれの「本来性」からは外れている、という意識が強いからではなかろうか。（西部・佐伯、前掲書58頁）

大震災の後の生き方として、私利私欲をはなれて純粋な心情になることは必要だろう。しかし、それはいかに重要であっても、心構えのようなものである。それだけでは思索に具体的内容がそなわってこない。さらに、すでに述べたように、日本の思想史を見れば、対話により誰にも納得できる結論をみちびくような理性の存在にも、疑いが向けられる。そうであれば、少なくとも、これまで持続してきた制度や習俗の存在が重要になる。

ところが、上述のように、制度や習俗をそのままで肯定することはできない。持続しているからといって、今の時代にふさわしいとはいえないのである。それゆえ、それらを相対化してみる必要がある。いまは、大震災を天譴として受け止め、現在のあり方を点検するときに当たる。それには、今という時代の歴史的な位置づけが必要である。歴史の中に位置づけることで、現今の制度、習俗を再検討し、より長期的視点からとらえなおすことが可能となる。そうすることで、来し方の反省と行く末の展望が開けてくるだろう。

以上、関東大震災の「死者は空しく死んでいる」という清水の憤りを受けて、私なりの考えを述べてきた。このような論考が思想の上での転換に少しでも寄与することを願っている。それは悲惨な終わり方をした東日本大震災の犠牲者の生の意義を高めることにもつながるだろう。それについては第4章で論じる。その前に、次章では、共災の時代を日本の戦後史の中でとらえてみる。

第2章
共災の時代とその生き方

高度成長の時代の象徴、首都高速道路（九州大学出版会提供）

見田宗介と戦後の時代区分

東日本大震災を、戦後の日本の歴史の中に位置づけてみるとどうなるだろうか。それには、**見田宗介**が戦後の日本社会に行った時代区分が参考になる（『現代日本の感覚と思想』講談社学術文庫、１９９５年）。戦後という限定つきであるが、そこから日本人の心の軌跡をうかがうことができる。

余談になるが、私は大学1年のとき、東京大学の教養課程で見田の授業に参加した。1年間の講義だった。当時の見田は、分厚いメガネをかけた新進気鋭の学者で、大きな教室をいっぱいにするほど人気があった。修士論文がそのまま著書になったことでも知られていた。西洋思想への深い理解だけでなく、流行歌の分析などもしていて、硬軟二つの視点からいつも鋭い問いかけをしていたことを覚えている。

さて、見田が行った時代区分は戦後から始まり１９９０年で終わっている。それは、序章で述べた、地震災害が少ないきわめて幸運な期間に当たる。本書では、のちに述べるように、それに続く20年間を「過渡期の時代」、そして、東日本大震災以後を「共災の時代」と名づけることにする。

見田は、戦後から１９９０年までの45年間を、ほぼ15年刻みで三つの時代に区分する。私は戦後の１９４８年生まれなので、その45年間のほぼすべての時代を生き

見田宗介：社会学者。１９３７－。価値理論や社会の存立構造論、コミューン主義による著作活動によって知られる。真木悠介の筆名を持つ。代表作『現代日本の精神構造』、『価値意識の理論』、『気流の鳴る音』、『現代日本の感覚と思想』。

た。その印象からすると、見田の区分は的外れではないと感じる。

見田は、「現実」という言葉は三つの反対語を持つという。「理想と現実」、「夢と現実」、「虚構と現実」が表すように、反対語は「理想」、「夢」、「虚構」である。そして、それら三つの反対語は、戦後の三つの区分を性格づけるとする。まずは見田の説明を見てみよう。

「理想の時代（１９４５―60）」は**プレ高度成長期**の時代で、アメリカン・デモクラシーの理想とソビエト・コミュニズムの理想が競いあった時代である。両者は対立しながら、ともに進歩派として、現実主義的な保守派の権力と対峙していた。また、いずれも自分たちの理想が人類の必然的未来であると信じていた。進歩派とは同時に現実を追う者であり、現実はわれわれが切り拓くものとしてあった。この理想の時代は、60年の日米安保改定での現実主義者の勝利によって終わる。

「夢の時代（１９６０―70年代前半）」がそれに続く。これは**高度成長の時代**である。産業の主力が農業から工業へ移るにつれて、農村共同体と大家族主義が崩壊していく。しかし、全般的には幸福の時代といえる。夢の内実は、前半は「あたたかい夢」であり、後半は「熱き夢」である。後半では、前の時代の「理想」の生み出す抑圧と、近代合理主義や管理社会への反抗が熱い形態をとって現れた。「あたたかい夢」で私は、映画にもなった漫画「三丁目の夕日」の世界を思い描く。そして「熱き夢」

プレ高度成長期：日本国憲法公布（46）。サンフランシスコ講和条約（51）。自衛隊設置（54）。国連加盟（56）。日米安全保障条約締結（51）・改定（60）。神武景気（56－57）。流行語「冷たい戦争」、「レッドパージ」、「太陽族」、「三種の神器（テレビ・洗濯機・冷蔵庫）」。

高度成長の時代：所得倍増計画（61－70）。国民皆保険・皆年金（61）。東京オリンピック（64）。東海道新幹線（64）。公害対策基本法（67）。全共闘運動（68－70）。オイルショック（73）。流行語「声なき声」、「交通戦争」、「スモッグ」、「かぎっ子」、「大きいことはいいことだ」。

では、大学紛争のことを。

それに続くのは、「虚構の時代（1970年代後半―90）」である。この時代は**ポスト高度成長期**と名づけられる。73年のオイルショックは、60年代を通して継続した経済高度成長の終わりを告げるものであった。74年の流行語としての「終末論」、「やさしさ」は、この時代の完成を表現する言葉になった。前の熱き夢の時代の持つ凶暴なもの、熱いものを削ぎ落とすことが行われた。リアルなものの最後の拠点である家族もそれまでの一家団欒的な関係を変質させ、非現実性、不自然性、虚構性が時代を覆う。東京はディズニーランドに代表されるハイパーリアルな都市に変貌する。「キタナイ」、「ダサイ」の排除がなされ、この時期急激に増加した移民労働者がキタナイ仕事、ダサイ仕事を担っていく。そして、虚構性の中で欲望と市場の自己創出が試みられる。

見田の考察は1990年までである。しかし、『現代日本の感覚と思想』には、その先を予見する文章も残している。タイトルは「離陸の思想と着陸の思想――自己解放の二つの方向――」である。1985年3月29日付のもので、彼のいう虚構の時代に書かれたものである。そこには次のようにある。

虚構のかなたに自然性の〈真実〉などは存在しないのだという「現代哲学」の認識

ポスト高度成長期：戦後初のマイナス経済成長（74）。第2次石油ショック（79）。東京ディズニーランド（83）。電電公社・専売公社・国鉄民営化（85）。幼女連続誘拐殺人事件（89）。バブル経済（80年代後半～90年代初頭）。流行語「あっしには関わりのないこって」、「終末論」、「やさしさ」、「とらばーゆ」、「亭主元気で留守がいい」。

に立って、虚構をみずからの存在の技法とするか。虚構のかなたに自然性の〈真実〉が存在するのだという、時代をこえた生活者の直感に立って、シンプルな自然性の大地に根ざすことをめざすか。それらは現代思想の二つの前線であると同時に、またわたしたちの日々の生き方としての解放の、当面は異質な二つのスタイルとして存在している。（同書、66頁）

では、見田は震災後の日本をどのようにとらえているだろうか。虚構の時代が続いていると考えているようである。ある新聞のインタビュー記事では、虚構のシステムの破綻についてこう述べている。

> 地球環境的な限界に達しているにもかかわらず、無理やり成長を続けようとすると、虚構のシステムを作らざるを得ない。私は「虚構の時代」と呼んでいますが、そのシステムのほころびが目に見える形で出てきたのが、２００８年に起きた米国のサブプライムローン問題と、同時期の自動車大手ゼネラル・モーターズ（ＧＭ）の破綻です。／サブプライム問題は何重もの金融商品を組み込んだシステムが、貧しい人々のリアルな限界から破裂した。ＧＭは情報によって人工的に欲望とマーケットを作り出す情報化、消費化社会の象徴ですが、環境対策への遅れから破綻した。いずれも虚構を膨らませて保っていたシステムが、リアリティーの限界と直面し、破裂したとい

う構造を持っています。（熊本日日新聞、２０１２年１月13日朝刊）

翌日の紙面では、**秋葉原無差別殺傷事件**と大震災後のボランティアに言及している。

08年には、秋葉原の無差別殺傷事件がありました。加藤智大被告の羨望対象は「リア充」（リアルな生活が充実している人）でした。事件ではトラックからわざわざ降り、一人一人を刺すなどリアリティーに自身の存在を賭けている。加藤被告は「リストカットをする少女たち」と非常に感触が似ています。つまり、虚構の時代の真ん中で、ある種の抽象化された生の中で、リアリティーへの飢えが外側に向かって爆発したのが加藤被告、自分の内側に向かったのがリストカットの少女たちです。／彼らと3・11で東北に行く若者たちは正反対の若者像に見えますが、実は同じ現実感があるもの、手触りがあるものに飢えている。それを他人や自分を傷つけるのとは違う方法で見つけられたときに、新しい時代は来るのだと思います。（同紙、7月14日朝刊）

これらはいずれも、虚構のかなたに自然性の「真実」を探る試みといえる。では、見田がいう自己解放のもう一つの方向、虚構をみずからの存在の技法とする方向はどうだろうか。見田が見ているのは、アートの方向である。さきの新聞記事（1月

秋葉原無差別殺傷事件：２００8年6月8日に東京都千代田区外神田（秋葉原）で発生した通り魔事件。7人が死亡し10人が負傷。

14日）には次の文章がある。

成長し続けなければ倒れてしまうというのは、つまり死に至る病です。成長した大人に必要な成長とは、精神的な成熟や心の深さだと思います。美術や文学、歌やデザインなど広い意味でのアートの領域は、資源も浪費せず、自然環境も破壊せず、持続可能です。成長という近代の狂気から目が覚めれば、そこに、永遠に発展し続けることができる世界が開かれているのです。

アートの領域は、永遠に発展し続けることができると見田はいう。しかし、カントも『**判断力批判**』でいうように、芸術には限界がある。アートもそうだろう。こう反論されるかもしれない。

ただし、頂点はきわめられているにしても、その頂点にいたる道すじはかぎりなくあるかもしれない。たとえばモーツァルトの交響曲に修正可能な箇所があるとは思えない。その意味でそれは完成している。頂点に達している。しかし、他の作曲家たちはモーツァルトとは別の仕方で頂点をきわめている。あるいは、頂点をめざしても いる。そして、その経路はかぎりなく多様である。このように、頂点にいたる多様な道すじの発見という点で、アートは永遠に発展するといえるかもしれない。

『**判断力批判**』：カントの著作。1790年に刊行。判断力に理性と感性を媒介する働きを認め、第1部では美や崇高、天才について、第2部では生物に見られるような自然の目的について論じる。同時代の哲学や芸術論に大きな影響を与えた。

不可能性の時代

社会学者の大澤真幸は、『不可能性の時代』（岩波新書、2008年）において、1945年から1995年の日本の歴史を二分する。見田の挙げた「理想」、「夢」、「虚構」ではなく、「理想」と「虚構」の二つに分ける。「夢」は「理想」と「虚構」の両方に引き裂かれる両義性を持つからである。その分岐点は1970年とされる。

1973年の第1次オイルショックとともに、高度成長が終わりを告げる。成長から安定への軌道修正が行われ、理想の時代の終わりが明らかになる。思想的には、理想の時代を動かしていた原理が徹底されることで、理想は幻想として相対化され、虚構の時代へと転換していく。大澤は虚構の時代を「現実すらも、言語や記号によって枠づけられ、構造化されている一種の虚構と見なし、数ある虚構の中で相対化してしまう態度によって特徴づけられる」（同書、68頁）と規定する。

虚構の時代も同様に、それ自体が有していた傾向性の徹底によって終焉を迎える。つまり、大澤によれば、現実への回帰と、現実の相対的な虚構化という二種のベクトルの中で引き裂かれることになる。たとえば、虚構の時代の申し子のような「オタク」は、虚構に耽溺しているようでいながら、他者性なき他者とはいえ、仲間である他者を求める。**オウム真理教**の信者たちもその特徴を共有する。彼らはハル

オウム真理教：日本の新興宗教。麻原彰晃（本名・松本智津夫）が1987年、それまでの「オウム神仙の会」を改称して設立。坂本弁護士一家殺害事件、松本サリン事件、地下鉄サリン事件などの多くの反社会的活動を行った。1996年に宗教法人としての資格を失ったが、活動を継続。

マゲドン（世界最終戦争）を虚構にすぎないと知りつつも、不動の現実であるかのごとくふるまう。しかも、自分たちの主義を他者から認められようとする。

虚構の時代につづく現代に顕著なのは、現実以上に現実的なもの、すなわち「極度に暴力的であったり、激しかったりする現実へと逃避している」（同書、4頁）ことである。もっともシンプルな例として挙げられるのは、リストカットに代表される自傷行為の流行である。また、ハルマゲドンやテロ、戦争のような極限の暴力を指向する、宗教的あるいはナショナリスティックな熱狂も現実への逃避である。1995年の**地下鉄サリン事件**や1997年の**酒鬼薔薇聖斗事件**は、その意味で、虚構の時代の終わりを告げる出来事とされる。

このような現代を大澤は「不可能性の時代」と呼ぶ。現代社会には、一方で、危険性や暴力性を排除し、現実を虚構のようなものに転換しようとする欲望がある。また他方では、激しく暴力的で地獄のような現実への欲望がある。これら両者は、認識や実践に立ち現れえない「不可能なもの」への対処法であると大澤はいう。

現代は、ブログのような私的な日記を公開し、私的な内面に他者を直接アクセスさせている。こうしたコミュニケーションの直接性の感覚は、携帯電話によっても求められている。そこで求められるのは、他者としての他者、他者との極限的に直接的なコミュニケーションである。

地下鉄サリン事件：1995年に東京都の地下鉄で宗教団体のオウム真理教が起こした猛毒の神経ガスのサリンを使用した同時多発テロ事件。乗客や駅員ら13人が死亡、負傷者数は約6､300人。戦後最大級の無差別殺人行為。大都市で一般市民に対して化学兵器が使用された史上初のテロ事件として、全世界に衝撃を与えた。

酒鬼薔薇聖斗事件：1997年に起きた神戸連続児童殺傷事件。2名が死亡し3名が重軽傷を負った。被害者の頭部が声明文とともに中学校の正門前におかれた点や、地元新聞社に挑戦状が郵送された点など世間を驚愕させた。

そのような直接的他者は、社会の秩序の中におさまり互いの領域を尊重しあうような他者ではない。われわれは直接的他者に魅かれ熱烈に欲望する。しかし、他方で嫌悪をもよおす。つまりそれは、求められると同時に忌避されるという両義性をもつ。不可能なものとは、このような直接的な他者にほかならない。そこから、他者性抜きの他者を求め虚構の世界に埋没する、また、他者性の極限を暴力に求めるという、現代社会の二つの欲望が説明されると大澤はいう。

大澤によれば、現代はリスク社会である。「リスク社会は、社会システムが、マクロなレベルでも、ミクロなレベルでも、人間の選択の所産であることが自覚されている段階に登場する」（同書、132頁）のである。それは、伝統的な規範やコスモロジーの崩壊後の社会である。それらが信奉されている社会ではリスクは出現しないという。災害に遭遇しても、それが天罰や神意として解釈されるならば、「危険」ではあっても「リスク」ではない。現代という時代は、それに加えて、規範の根拠である「第三者の審級」（見えざる手、理性、予定説の神など）が存在しなくなった時代であるとする。従来、それら第三者の審級が何者で何を欲するかについて知ることができなくても、その存在は確実とされてきた。その存在自体への懐疑が生じるところにリスク社会が生じてくる。

ここで大澤の挙げる例は分かりやすい。たとえば、将来の見通しもなしに、生命倫理関連の委員会では、**クローン技術の適用**について選択せざるをえない。インフォームド・コンセントが求められるのは、医者でさえも真理を知らず、適切な処置についての確信を持たないからである。それゆえ、患者の自己決定が義務化される。また、ウィキペディアのような百科事典が登場するのは、知的権威を集中的に帯びている超越的他者がいないからである。

　ところが、撤退したはずの第三者の審級は裏口から再生していると大澤はいう。それは、現代のカリスマ（**ビル・ゲイツ**と**ホリエモン**を大澤は挙げる）が、俗っぽい欲望にまみれた欠点の多い人物として、超越性を否定する超越性として現れる点に見られる。また、グーグルのような検索エンジンによる順位づけが、ネットの意志として神のように君臨するかもしれない。さらに、私的日記を公開するブログは、われわれを常時監視する他者のまなざしの不在に不安をおぼえている徴候ともいえるのである。

　第三者の審級の不在は、虚構の時代ののちの日本の社会の特徴、すなわち、一方で虚構を、他方で極端な現実を求める揺れ動きの背景をなすといえるだろう。このような状況に対する救済はどこにあるのか。大澤は、市民参加型でありつつ広域へと広がる可能性を持つ民主主義の中にそれを見る。そうした民主主義は、虚構と極端な現実とともに、現在の世界における多元主義と原理主義の二分法への救済とも

クローン技術の適用：1998年の科学技術会議生命倫理委員会クローン小委員会報告「クローン技術に関する基本的考え方について（中間報告）」では、クローン技術を人間に適用してクローン人間を作ることは禁止するが、「優れた品質の畜産動物、特殊なタンパク性医薬品を母乳等の中に多量に産生する動物、生物学の試験研究用に有用な均質な医学実験用動物、絶滅直前の希少動物」などへの適用は有用性があるとしている。

ビル・ゲイツ：アメリカ合衆国の実業家。1955－。マイクロソフト社の共同創業者・会長。世界で1、2を争う富豪。

ホリエモン：堀江貴文。実業家。1972－。株式会社ライブドア元代表取締役社長。プロ野球球団買収やニッポン放送買収で世間を騒がす。有価証券取引法違反で有罪判決。

される。

災害とともにある生の再認識

大澤の言う、虚構と極端な現実を求める傾向は理解できる。現代社会はデジタル機器の発展による情報社会である。現実の映像はデジタル化されることで、記録再生、変形修正が飛躍的に容易になる。現実と像の区別はますます希薄化し、現実と虚構の違いが消滅しつつある。これは現代社会の一般的傾向である。またそれゆえに、極端な現実への渇望も強度を増してきたといえる。

しかし、今回の地震とそれにつづく原発事故が示したのは、自然や災害に代表される現実の持つ圧倒的な迫力だった。虚構のかなたに自然性をもとめるさいには、そのような自然性を無視できないだろう。また、虚構の世界に没入するにも、足元の大地の安定を必要とする。地震で揺れ動く部屋のなかでは、まずは家具や機器の倒壊から身を守ることが優先される。そうした状況では、インターネットは、日ごろのチャットやつぶやきではなく、津波や洪水、がけ崩れの情報収集に活用される。

そのような時代だから、逆に、現実を認めないで虚構の世界に深く入り込むこともあるだろう。震災後の時代は、その傾向が高まるかもしれない。しかし、いずれにせよ、災害をいつも心の片隅に意識する時代にわれわれはいるのである。

１９９０年から２０１１年までの約20年間は、虚構の時代の延長とそのさらなる過激化とともに、災害の頻発による自然的契機の再認識が行われた時代といえる。

序章でも述べたように、この時期には被害の大きな地震が頻発している。この時代はまた、連続殺傷事件でも知られる。地下鉄サリン事件95年、酒鬼薔薇聖斗事件97年、**附属池田小事件**２００１年、**土浦連続殺傷事件**08年、秋葉原無差別殺傷事件08年とそれは続く。すなわち、虚構の時代を過激にするような事件の発生とともに、虚構ではない生《なま》の自然の暴威が日本列島に向けられてくる時代である。この時代を虚構の時代と共災の時代の「過渡期の時代」と名づけてよいだろう。

２０１１年3月11日以後は、「共災の時代」と名づけてみたい。現在から数十年間には、首都圏直下型地震、東海地震、東南海地震、南海地震などの大地震が予測される。火山の噴火、また最近激しさを増している豪雨、それに伴う洪水や土石流は、これからも日本に大きな災害をもたらすだろう。

自然から遠ざかり、熱いこと、キタナイものダサイものを避け、心地よいものに囲まれる。また、現実をゲーム感覚で生きる。これらは、衣食住が確保されていること、さらにはそれを支える大地の安定によって可能である。足下の大地が激しく揺れ、想定をはるかに超える地震や津波、洪水が襲来するとき、頼れるのはまず自分の判断力、身体能力と人間のネットワークである。

附属池田小事件：２００１年に大阪府池田市で起こった小学校無差別殺傷事件。児童8名が殺害され、児童13名・教諭2名に傷害を負わせる惨事となった。この事件以後、学校は地域に開かれた学校から、安全重視の閉ざされた学校へと変化する。

土浦連続殺傷事件：２００８年に茨城県土浦市で発生した通り魔事件。刃物を持った男に通行人が相次いで刺され、2人が死亡、7人が重傷を負った。

地震や津波は、それまで築いてきた自分や家族のきずなも家屋敷も仕事場までも一挙に粉砕する。そこではある種の諦念が生きる力となりうる。また、諦念の果てに自暴自棄や虚無にいたらないためには、気概、意気が不可欠である。

生きることが災害とともにあることは、日本の歴史を顧みれば明らかである。日本人はこれまで、地震、津波、台風、洪水、火砕流、土石流、山崩れ、飢饉、疫病、火事、雷など、ありとあらゆる災害に耐えてきた。「共災」とはわれわれ日本人が経験してきたことを再確認する言葉である。その意味で、関東大震災のさいに現れても不思議ではない言葉だった。

このような時代には、恵みも暴威ももたらす自然に正面から向き合うという自然性重視の姿勢が求められる。また、幸福や満足は瞬時に壊れることがあること、自然の制御には限界があるという諦念は否応なしに意識されてくる。そのような状況でも、自力やネットワークを通じて生き抜くことで、自他ともに充実感を得るという意気・気概が必要である。

これら三つの要素（自然、意気、諦念）の統合・緊張関係が、東日本大震災後の被災者に見られた。避難所での共同生活での助け合いや、「今は仕事より食べもん。でも3年か5年後には絶対に復活してやっからな」（朝日新聞、2011年3月18日朝刊）という漁師の気概。そのような報道をいくつも目にして、私にはそう思えた。

被災者には漁業と農業にかかわる人たちが多かった。豊饒であるがけっして優しくはない自然から、共同して生活の糧を得る日々。そこには、磨かれた自然的感性、日々の自然との闘いに不可欠な気概、そして人間の力では制御できない自然の力を前にしての諦念のバランスよい統合があるのだろう。

経済学者で「**希望学**」でも知られる玄田有史は、希望は「気持ち」、「何か」、「実現」、「行動」の4本柱から成りたつという。震災後の4月2日、彼は研究のフィールドでもある釜石市に行く。そしてこう語る。「過酷すぎる状況では、最初から途方もない希望を持つのは控える方がいい。日々の生活のなかで、自分がやるべき「何か」を具体的に決める。それを「実現」すべく、淡々かつ飄々と「行動」する。そしてその行動を繰り返す先に、いつか落ち着いた生活が取り戻せる。いつまでも今の状況が続くわけではないという「気持ち」を忘れないことが大切になる。」（『文藝春秋』2011年6月特別号、133－134頁）。ここには、自然、意気、諦念のバランスよい統合が別の言葉で語られている。

漁業や農業技術者にかぎらない。都市の住民にも、そのような三要素の緊張をはらんだ統合が見られたことだろう。それは関東大震災直後の被災者の精神の緊張の中にも現れていた。

希望学：正式名称は希望の社会科学。希望の喪失という現代の状況を背景にして、希望を社会と関連づけて研究する新しい学際的研究領域。東京大学社会科学研究所が中心となり、2005年度より岩手県釜石市と福井県を対象として調査研究が展開されている。

九鬼周造と自然・意気・諦念

上で挙げた三要素は、**九鬼周造**が「日本的性格」（『九鬼周造全集』第三巻、岩波書店、1981年）において述べた三つの主要な契機と一致する。九鬼は日本的性格、日本文化の特徴について次のように述べる。

大体において日本的性格、従って日本文化に三つの主要な契機が見られるやうに私は思ふ。自然、意気、諦念の三つがそれである。（276頁）

ここに挙げられた「自然」、「意気」、「諦念」は、それぞれ、神道、儒教、仏教を背景として持つ。「自然」とは「殊更らしいことを嫌っておのづからなところを尊ぶ」（同書、276頁）ことであり、「自由と自然とが峻別されず、道徳の領野が生の地平と理念的に同一視されるのが日本の道徳の特色である。」（同書、277頁）「意気」とは、「武士道精神として日本人の血の中に流れている性格」（同書、277頁）である。高い理想のために一身を賭すという気概である。これは、武士から平民まで、また男性社会だけでなく女性にも広がったものである。

「諦念」については次のように述べられる。「実践上でも物にこだはらないこと、思ひきりがいいことが貴ばれる。執着に反対の恬淡、ごてごてした趣味に反對の

九鬼周造：哲学者。1888－1941。ベルクソン、ハイデガーに師事し、サルトルから個人的に指導を受ける。解釈学的方法にもとづき江戸の遊里で生まれた美意識「いき」の特質を解明したり、偶然性の形而上学的問題を論じる。また、文芸の解明にも業績を残す。代表作『「いき」の構造』、『偶然性の問題』。

さっぱりした趣味、それがあらゆる方面に看取される。」（同書、２８０頁）

ここで、彼の『「いき」の構造』（１９２８年）を想起する人も多いだろう。そこでは、江戸の芸者の「いき」を「**媚態**」、「意気地」、「諦め」の三つの契機でとらえている。いきな芸者には、芸者としての媚態がある。また、相手のいうことに易々としたがわぬ意気地がある。そして芸者は芸者であるという諦めもある。

九鬼の解釈によれば、「媚態」が、武士道の道徳的理想主義に基づく「意気地」と、仏教的な「諦め」によって限定されることで「いき」となる。すなわち、三者が互いに緊張関係にあることで「いき」が成立する。芸者という女性に特有の「媚態」は、感情という人間的自然を重要視する点で「自然性」を表している。また、芸者が持つ「意気地」や「諦め」は、それぞれ「意気」、「諦念」に対応している。

こうして見ると、「いき」を構成する三契機を日本人の性格や日本の文化へと一般化したものが、「日本的性格」の三契機であるといえる。芸者の「いき」を語りつつ、九鬼は日本人の心の底に流れている精神について語ったのである。

九鬼は「日本的性格」において、質料あるいは基盤としての自然の中に、形式・形態を与える意気、諦念が潜在的に存在する関係として三つの契機をとらえた。三者は次のように、互いに連関し統合関係にあるともいう。

媚態：九鬼周造によれば、異性との完全な合同を避けつつ、異性であるという関係を持続させる態度のこと。関係の持続がなければたんなる上品にとどまり、異性との完全な合同は倦怠をもたらすとされる。

ただし弁証法を徹底させようとする者は次のやうに考へるかも知れぬ。自然といふ定立にたいする反立が意気である。そして自然と意気との綜合が諦念である。なぜならば自然にあって意気が発動する限りは必ず諦念へ導かれる。また意気が自然によって制限されたものが諦念である。自然、意気、諦念の三者は正、反、合の過程を示してゐると見られ得るのである。（同書、２８６頁）

共災の時代の「いき」な生き方

ここで、「自然」、「意気」、「諦念」の三契機が緊張関係にあることが、日本人の理想的な生き方であると仮定してみる。九鬼によれば、芸者の「いき」は三契機の緊張関係を示している。九鬼はそこにある種の理想形を見たといえる。

その意味で、「共災」の時代の生き方の理想は、「いき」に近いものであると私は考える。その場合の「自然」とは、「おのづからな道」への従順にとどまらない。「いき」を構成する「媚態」のような自然的感性の重視や、森羅万象としての自然をリアリティとしてとらえることを含む。

「自然」、「意気」、「諦念」の三つの契機が、ほどよい緊張関係にあることはまれだろう。たいていの時代は、いずれかが突出しがちである。そうした状況を少し具体的に見るために、先述の見田宗介の戦後の三つの時代とそれに続く過渡期を振りか

弁証法：古代ギリシア哲学では対話術の意味だったが、ヘーゲルでは世界や事物の変化や発展を理解するための方法。形式的には、定立（主張）、反定立（反論）、総合という段階をとり、ヘーゲルは全世界を理性の弁証法的展開としてとらえた。これを唯物論的な展開としてとらえ直したのが、マルクス、エンゲルスである。

えってみよう。以下の叙述はまた、三つの契機で時代の感性をとらえうることを示すものでもある。なお、下図では「自然」を基礎にしてある。

　見田が「理想の時代」と呼ぶ1945年から60年までは、それまでの生活や政治体制の変革への意気が盛んである。理念が先行し、現実を理念に合わせて変えられるという信念が強く、諦念軽視の時代としても特徴づけることができる。また、自然的感性よりも西欧的な理性、そして土地であり海である自然よりも変革すべき人間社会の現実が重視される。**［意気の重視と諦念の軽視の時代］**

　「夢の時代」（1960―70年代前半）の前半の「あたたかい夢」の時代は、農村共同体と大家族主義が崩壊することで近代化による故郷喪失を味わう。それでも、高度経済成長と自由な雰囲気、そして家庭の温かさがそれを補い、漠然と明るい未来が開けていた。生活の手段としてまだ周辺には豊かな自然環境があり、右肩上がりの中での勤労意欲もある。これは、自然・意気・諦念がゆるく統合したような時代である。**［三つの契機のゆるい統合の時代］**

　後半は、大学紛争に見られるように、近代の合理主義への懐疑、既成の政党や権威、理念への懐疑を伴う意気が前面に出る時代である。諦念を背景とする意気が中心の時代といえる。理性よりも自然的感性の復権が主張されもするが、自然は開発・利用可能な道具とみなされていた。**［意気と諦念の重視の時代］**

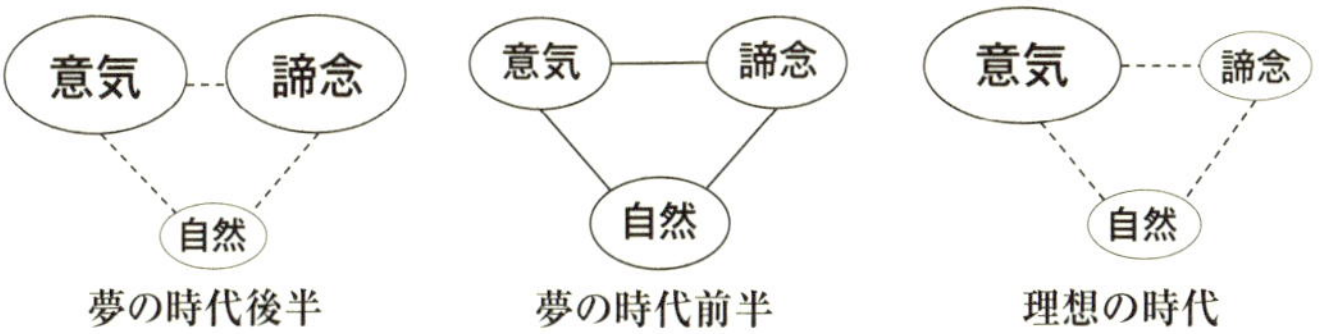

理想の時代
1945年-60年

夢の時代前半
1960年-

夢の時代後半
-70年代前半

「虚構の時代」（1970年代後半―90年）は、諦念重視とともに意気と自然の契機の後退で特徴づけられる。地球規模での環境破壊により、大地や海は以前のような無限の包容性を失う。情報化時代の到来もあり、リアリティは自然をはなれてヴァーチャル化する。意気よりも、人間に対しても自然に対しても優しさが強調され、傷つくことを恐れて自己への閉じこもりが社会問題化する。［**諦念の重視と意気・自然の後退の時代**］

「過渡期の時代」（1990年―2010年）は、虚構の時代の延長・過激化とともに、災害の頻発による自然的契機の再認識が始まる。また、バブル崩壊とそれに続く不況により、経済的に頂点まで登りつめてしまったという諦念の自覚が強化される。［**諦念の強化と自然の再認識の時代**］

「共災の時代」とは、大地という生の基盤が揺れ動くという意味で、生の根源にかかわる動揺を受け止めていく時代である。これは、たんに心理的な事柄ではなく、生きること、世界や自然のあり方そのものにかかわる。その意味でコスモロジカルな事柄である。このような時代は、恵みをもたらすとともに暴威を振るいもする自然と正面から向き合うことを必要とする。それとともに、操作や統御の不可能な自然や生に対する自覚は、科学技術や人間の力、また人生に対する深い諦念を伴う。

日本人の生活感覚の中に、いかに深く諦念が刻みこまれているかは、幸福観を見

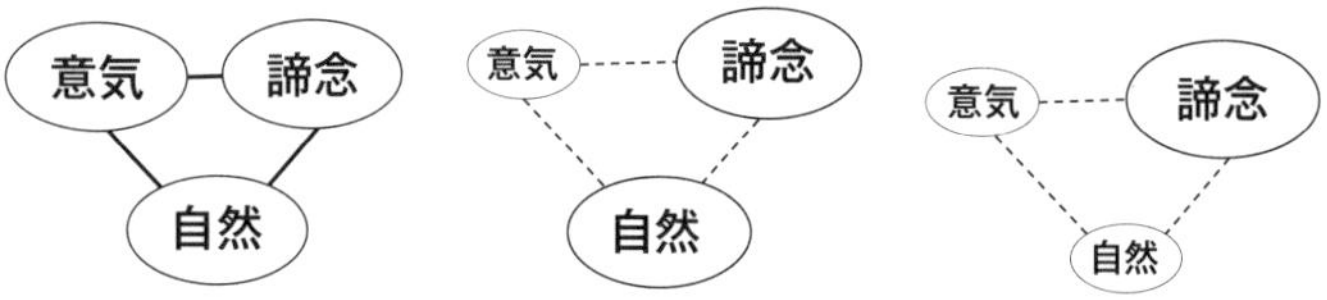

共災の時代 2011年-　過渡期の時代 1990年-2010年　虚構の時代 1970年代後半-90年

てもわかる。『日本国語大辞典』によると、古くから用いられた「仕合・幸（しあはせ）」の意味は次のようである。①めぐり合わせ。運命。なりゆき。機会。よい場合にも、悪い場合にも用いる。②幸運であること。また、そのさま。③物事のやり方、または、いきさつ。事の次第。始末。④人が死ぬこと。不幸、葬式。また、「**幸**（**さいはひ**）」や「**福**」にも、「幸運」の意味が強く出ている。

たしかに、英語で「幸福な」と訳されるhappyにも、「幸運な lucky」というニュアンスがある。また、happyとhappen（偶然起こる）は、中世英語でluckyを意味する語からの派生でもある（『オックスフォード新英英辞典』）。幸福と幸運のむすびつきは日本に特有ではないといえる。しかし、『広辞苑』の挙げる「不幸中の幸い」、「これ幸いと逃げ出す」、「幸いなことにも雨も上がった」といった例は、現代でも、幸福と幸運が分かちがたいことを物語っている。

さて、共災の時代では、自然と諦念の二つの契機は否応なしに強化される。災害は自然の威力と自然の前での人間の無力さを、まざまざと示すことだろう。こうした時代においては、意気の契機が重要な鍵を握るといえる。意気のあり方次第で、生き方が大きく変わってくる。そのような時代である。

そのことは、さきに挙げた関東大震災直後に刊行された『中央公論』1923年10月号の巻頭言からも見てとることができる。

幸い：①運がよく、恵まれた状態にあること。しあわせ。幸福。好運。②（副詞的に）しあわせにも。運よく（『広辞苑』）。また、「幸い人」とは、幸運な人のことである。

福：①さいわい。しあわせ。幸運。②神仏の賜り物（『広辞苑』）。ここでも人知を超えた幸運の要素が強く表れている。なお、福を授ける神は「福の神」と呼ばれる。

今次の災害によって受くる人心の動揺、人生観の変化なども可なり深いものがあらう。よき方面をいへば、社会奉仕、共働共栄、相互扶助、発奮努力、寡欲恬淡等の精神も旺んにならうが、悪しき方面をいへば、自暴自棄、其日暮らし、虚無主義、安価な享楽、退嬰隠遁等の傾向も必ず生ずるだらう。（7頁）

ここにある「よき方面」と「悪しき方面」とを分かつ鍵となるのは、意気・気概の高低であろう。社会奉仕、共働共栄、相互扶助、発奮努力、寡欲恬淡の時代になるか、それとも自暴自棄、其日暮らし、虚無主義、安価な享楽、退嬰隠遁の時代になるのか。いずれに向かうこともありうる。ひとえに意気・気概のあり方にかかっている。悪しき方面の傾向は、現在世代だけでなく将来世代にとってもけっして充実した状態をもたらさないだろう。

「はじめに」において、「崩壊というこの国の背負っている宿命」の中で、「笑いごとではないことを、笑って話せる闊達」さに言及した。砂防事務所で働く人たちは「この辺はどこにしても、油断はできないところだらけだから」と現実を直視する。「うっかりしていられない代り、こわがってもいられなくて」という気概を持つ。しかも、「もし留めどなく崩れだすような場合には、危くならないうちに前もって逃げますからね」と、執着しない。共災の時代のいきな生き方がここにある。そして、それには何よりも意気・気概が重要となる。

先に述べたように、大澤は現代を「不可能性の時代」と規定する。そこでは、極端な虚構化とともに暴力的な現実への欲望が顕著だった。これは、一方は諦念の極へ、他方は自然性の極へと揺れている事態ととらえることができる。災害とともにあらざるをえない時代は、いやでも自然性を自覚させる。それと同時に、迫りくる自然の圧倒的な力に諦念もまた強く意識される。虚構と暴力の極端化に歯止めをかけるのは意気である。人間としての矜持を忘れない気概である。

これら自然、意気、諦念は、共災の時代の徳ととらえることができる。徳であるとは、倫理的理想ということである。現実はそれから逸脱しがちだろうが、そのような現実をみちびく理想としてある。古代ギリシアの徳、いわゆる知恵、勇気、節制、正義の日本版ということもできる。古代ギリシアの徳が相互に統合されるべきであったように、共災の時代の徳にも緊張ある統合が不可欠である。

第3章

人間と自然の関係の再考

樹木に霊が宿る信仰は今も残っている（九州大学出版会提供）

防災を論じない環境倫理

「共災」の時代では、防災、減災を抜きにして環境について考えることは難しい。東日本大震災のような未曾有の災害のときにこそ、人間と環境の関係についての倫理、いわゆる**環境倫理**が出動するべきだと誰しもが思うだろう。だが、実情はそうではない。というのは、環境倫理では、一部を除いて、防災が議論されてこなかったからである。そもそも、人間と環境のあるべき関係を扱う学問でありながら、防災をほとんど顧慮してこなかった。これはまことに不思議なことである。

これがイギリスだったら分かる。**イギリスには地震もない**し、台風もない。活火山もない。おまけに蚊もほとんどいない。「flood（フラッド）」という英語はふつう「洪水」と訳される。しかし、イギリスのほとんどのフラッドは、遊水池に水が満たされる状態のことである。そういう点では、イギリスの自然は優しい。

１９７０年ころに環境倫理が登場するのはアメリカである。

アメリカでは西海岸やアラスカに大きな地震が起きている。たとえば１９０６年のサンフランシスコ地震（マグニチュード７・８）では、約3、０００人が犠牲になった。１９９４年のロサンゼルス地震（マグニチュード６・９）では61人の死者が出た。さらにハリケーンも竜巻もある。２００５年アメリカ南東部を襲ったハリ

環境倫理：環境破壊、資源枯渇、食糧危機などの環境問題の根本的解決のために１９７０年前後に登場した倫理学。「動物の権利」、「生態系の保存」、「将来世代への責任」などを主張。人間中心主義と人間非中心主義の対立を軸にしていたが、対立は不毛という立場も有力になりつつある。

イギリスの地震：まったくないわけではないが、日本人の感覚からはないに等しい。『ガーディアン』紙によれば、２０１１年7月14日ドーバー海峡を震源とするマグニチュード３・９の地震起きた。ウエスト・サセックスの住民は地震動を感じたようである。２６０年間で4番目に大きい地震で、その間で最大は１８７８年のマグニチュード５・０の地震である。

ケーン・カトリーナは、ニュー・オーリンズの8割を水没させ、死者・行方不明者は2,500人余にのぼった。74人の死者を出した2012年のハリケーン・サンディは、ニューヨークの地下鉄を水没させ、600万戸が停電した。このように、けっして優しい自然ではないにもかかわらず、環境倫理では防災はほとんど議論されてこなかった。

その理由の一つとして、環境倫理での「**人間非中心主義**」という立場がある。これを主張する論者は多い。ここでは、人間のための防災よりも自然保護とその理由づけが主要な関心事となる。この場合の理由づけとは、主として、動植物や生態系といった、人間以外の存在が有する内在的価値のことである。つまり、自然は人間にとっての利用価値（道具的価値）以外に、それ自身が尊重され保護される価値（内在的価値）を持つかどうかが議論の中心である。内在的価値を持てば、人間による利用を制限して尊重し保護しなければいけない。

この立場では、動植物、さらには生態系にまで内在的価値を認めることがあるので、人間は自然の一員にすぎないと考えるのがふつうである。

アメリカの環境倫理では、自然の管理・利用に重きを置く「人間中心主義」的な立場も主張される。そこでは、防災が論じられて然るべきだが、不思議なことに、ほとんど議論されない。それが不思議であることに気づいてもいない。

人間非中心主義：環境倫理の立場のひとつ。人間中心主義と対比される。両者を分かつ鍵は、人間以外の存在者にも道具的価値以外の内在的（本質的）価値があり、それ自体で尊重されるべきと考えるかどうかにある。P・シンガー、T・レーガンの動物の解放・権利の立場、生命中心主義、生態系中心主義などがある。

その理由は、「倫理」ということで、人間の能動的行為を中心課題としてきたからだと私は思う。

環境倫理では、人間と自然の関係は、人間による自然の管理・利用なのか（人間中心主義）、あるいは保護・尊重なのか（人間非中心主義）という二項対立の枠組みで論じられてきた。二つは対立するが、共通点を持つ。すなわち、人間の能動的な行為、人間による働きかけが中心問題だという点である。倫理とは、人や自然に能動的にはたらきかける人間の守るべきルールだという見方がここにはある。「自由」、「自律」や、「善行」といった積極的な、能動的な行為にかんする規範が考察の核にあるといえる。このような立場では、人間が災害から自分を守る防災は、議論の主たる対象とならない。

同様のことは生命倫理についても当てはまる。生命倫理はしばしば、個人の自律の尊重を軸とする「正義の倫理」と、関係や状況の中に置かれた人を中心とする「**ケアの倫理**」に分けられる。それら二つの倫理は、大きく異なるとされる。たとえば人間観については、正義の倫理は個人主義的であり、ケアの倫理は関係中心的である。また、規範の適用の仕方は、正義の倫理は普遍的な適用であり、ケアの倫理では個別的対面的で脈絡や状況に依存する。

しかし、両者ともに、他者の権利の尊重、他者へのケアといった、能動的行為が

ケアの倫理：C・ギリガンが『もうひとつの声』（1982年）で、普遍的抽象的な正義の倫理に対して提唱した倫理。従来、女性的倫理として下に見られてきた倫理の独自性を主張。対面的で人間関係の維持を優先する柔軟な倫理的判断を重視するとともに、自他ともに傷つきやすく相互依存関係にあるという人間観をとる。

問題の中心にある。やはりここでも、自律的行為や善行が倫理の中心である。

自然の管理・利用と保護・尊重という対立の根底にある、人間中心主義と人間非中心主義の対立図式は不毛といえる。これは日本の環境倫理学でも定説になりつつある（鬼頭秀一・福永真弓共編著『環境倫理学』東京大学出版会、2009年）。

人間中心主義といっても、自然への人間の支配や管理をどれほど認めるかで、いろいろな段階がある。強い人間中心主義もあれば**弱い人間中心主義**もある。弱い人間中心主義では、自然の利用と保護は紙一重の違いになる。

人間非中心主義は、人間を自然の一員とみなすが、大事なところでは人間が中心にならざるをえない。なぜならば、理論的にいえば、倫理について云々できるのは人間だけだからである。人間には動物を虐待しない義務があっても、熊やライオンには人間を襲ってはいけない義務はない。人を襲った熊やライオンは射殺されるが、それは死刑の執行ではない。これ以上の危害を防ぐための射殺である。熊やライオンはたがいに権利や自由を尊重しあうグループに属していない。よって、義務も課せられないし法律上の刑も執行されないのである。

動植物や自然に対するどのような義務があるかを決めるのは、結局は人間である。義務といわずに動植物や自然の権利といっても同様である。これは否定しようもないことである。また、実践的にもやはり人間を中心にしないと、道徳、法、政

弱い人間中心主義：自然はたんなる道具だから自由に利用してよいというバリバリの人間中心主義に対立する立場。自然は人間の欲求自体を変更する価値をもつとするB・J・ノートンの立場（『自然の多様性の擁護』1987年）などがある。

治、経済などの領域で実行には大変な無理が伴う。

人間と自然の関係は、利用か保護の二者択一で応えられるようなものではない。不毛な二元対立を超えて、しかも防災を不可欠な要素として含むような人間と自然の関係、それはどのようなものだろうか。私は10年以上前から次のようなことを主張してきた。

その関係は、次のようにとらえることができる。①人間は、動植物、生態系、地下の資源を含む自然から多くの恵みを得ている。自然は人間の生きる土台であり、自然なくして人間は生きられない。②それと同時に、自然はさまざまな災害を引き起こし、人間をおびやかす。③また、公害や資源の枯渇で経験ずみのように、人間が一方的に自然を収奪することは、害・災害となって人間に返ってくる。逆に、自然とよい関係を築くことで、自然の恩恵を享受できる。

これとよく似た関係が、日本の神話の中に見られる。まず、人間は神の生み出した土地から生え育った存在（青人草）であり、神の産出力を基盤にしている。それと同時に、神は人間界の善悪を超越する面を持ち、災いを引き起こす。そして、神に対する不適切な祀り方や、人間の犯す罪によって、神は人間に災いをもたらす。適切に祀れば神は静まり人間に幸福をもたらす。

神話といっても馬鹿にはできない。そこには民族の考え方、感じ方のルーツがあるし、多くの民族に共通する様式も見いだせるからである。

ケアとしての祀り

ケアという言葉は、医療現場、介護、カウンセリング、教育、育児など多くの分野で使われている。通常それが意味するのは「支援」、「世話」、「配慮」、「気遣い」などである。ケアとはケアする側とされる側の一方的な関係ではないとされる。すなわち、ケアにおける関係とは、一方が苦痛除去や生活改善のために要求していることに、他方が援助や気遣いによって応え、それが相手に受け入れられるという関係である。その意味でケアとは相互行為・相互関係といえる。

人間と自然の関係を探るうえで、私は「ケア」という概念を使ってきた。日本語では「自然を保護する」とはいうが、「自然をケアする」とはふつういわない。ケアされる対象はもっぱら人間あるいはペット、家畜である。しかし、英語の文献では「自然をケアする（care for nature）」といった表現がしばしば見受けられる。『ケアについて』という著作で知られる**メイヤロフ**も、ケアの対象を人間にかぎらない。「哲学的観念をケアする」といった表現もしばしば用いる。よって、人間と自然の基本的関係を述べるうえで、ケアの概念を用いても、ケアの用法から大きく外れることはないだろう。

M・メイヤロフ：アメリカの哲学者。1925－1979。デューイやサルトルの哲学を研究。マルクスやフロムの影響も受ける。71年に公刊した『ケアの本質』では、人間存在におけるケアの本源性や、ケアする側とされる側の関係についての原理的探究がなされ、以後のケアの理論の基礎的文献となる。フランスの哲学者にならってカフェで執筆していたという逸話がある。

通常、ケアを論じるときは、もっぱら他者への善行としてのケアが中心である。困難をかかえている他者に「配慮する」、「気遣う」、「世話する」、「支援する」。これらは他者への善行といえる。こうしたことを含めて、ケアにおける行為の側面を便宜上、ケア・フォー（care for）の側面と呼んでみる。

ところが、**ケアという概念の起源**を探っていくと、自分や他者への「心配」、「気がかり」という意味に行きつく。この側面をケア・アバウト（care about）の側面と呼んでみる。

これまでのケアの理論ではこのケア・アバウトの側面を軽視してきた。しかし、相手や自分に対する回避しがたい関心、心配、気がかりをケアの基盤として、そこから相手や自分に対する配慮、気遣い、世話などがなされていくと考えることができる。そして、ケア・アバウトを基盤にして、さまざまなケア・フォーの行為がなされる一連のプロセスを「ケア」と呼ぶことができる。これは、従来のケアのとらえ方と矛盾しない。

図1は、だいぶ前から私が授業などで使っている図である。右にある、出来の悪い雪だるまみたいな図形は、困っている人であり、左の女性はそれをケアする人である。右の人は困っていて、助けがほしいと表明したりサインを出したりする。いわゆる要求を示す。それを左の人が察知し共感する、そして、どうしたら一番よい

「ケア」の原義：英語のケア（care）は11世紀以前から「悲しみ」「苦悩」の意味で使われていた。その後、「注意」、「用心」が、さらに「世話」、「保護」の意味が加わっていった。「ケア」の基盤に、本書での「ケア・アバウト」があることがわかる。なお、「キュア（cure）」は、14世紀以前から「注意」、「気づかい」の意味で用いられていた。これはその語源であるラテン語「クーラ（cura）」の用法に対応している。その後「キュア」の意味として「魂の救済」、「治療」などが加わった。

だろうかと熟考して、応答する。それが世話や気遣いである。さらに、その応答を右の人が受け入れる。そこで苦からの解放がなされていく。その時に、左の人に充実感や達成感が生まれる。それは両者にとって、よい関係の形成、維持、修復といえる。ただしこれは、いわゆる**感情労働**であり、疲労を伴う。疲れがひどい場合は、燃えつきる（バーンアウト）。あるいは老人介護などで見られる虐待の問題が生じる。

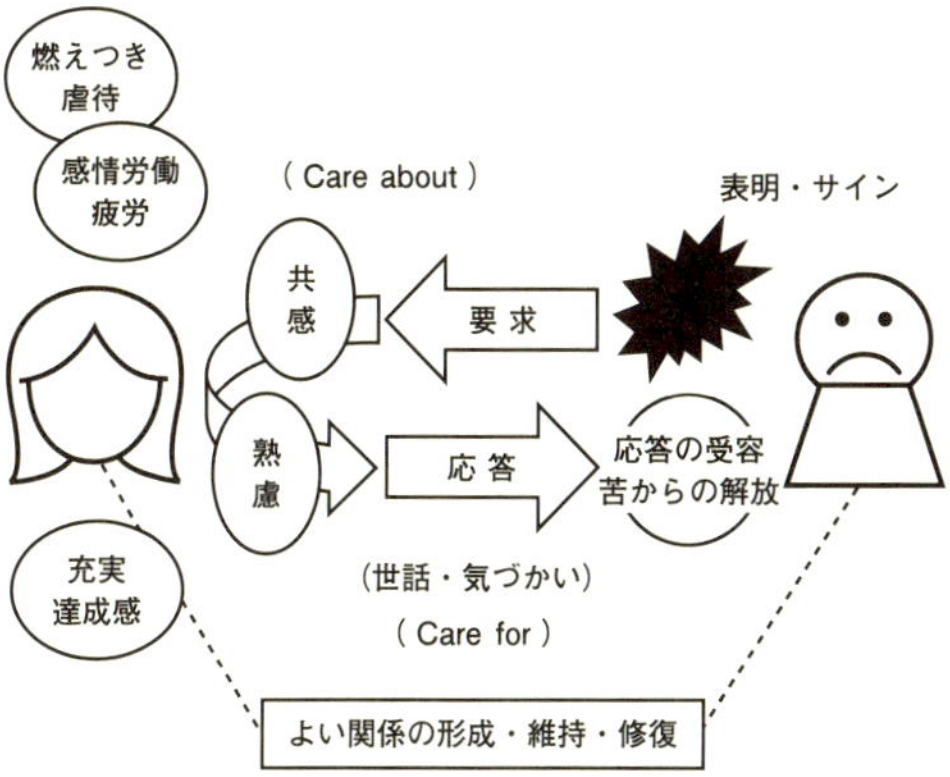

図1　ケア的関係

この図でいえば、人の苦しみに共感する、どうしたらよいか熟慮する、このあたりに「回避しがたい関心、気がかり」が現れている。これがさきほど述べたケア・アバウトの側面であり、応答することと、これがケア・フォーの側面である。私が提唱するケアの理論では、従来のとは異なり、ケア・アバウトの側面、つまり避けられない気がかり、心配、不安に

感情労働：肉体労働、頭脳労働に対するもので、相手に特定の精神状態をつくりだすために、感情の抑制・鈍麻・緊張・忍耐などを必要とする労働のこと。理不尽な相手の言動にも感情を押し殺して対応するため、労働終了後もストレスが続きがちである。看護師などの医療者、苦情処理係、秘書、エレベーターガール、旅客機の客室乗務員などの仕事が該当する。

も着目していく。

　そうしたケアのあり方と、日本の古代での人間と神、自然の関係との類似性について述べてみよう。

　日本では、神は適切に祀《まつ》らないと祟《たた》る。あるいは、疫病や災害といった何らかの異変が起きたあとで、神が現れて祀り方を指示したりする。こうした人間と神・自然の関係はケア・アバウトとケア・フォーの関係と類似している。つまり、ここには、相手である神に対する回避しがたいほどの関心・気がかり（ケア・アバウト）があって、祀り・祭り（ケア・フォー）が行われていく。このような関係の考察が、課題解決の糸口になるだろう。

　日本の神は畏敬の対象であり、暴威を振るう対象であり、祀る（祭る）ことを求める。祀るとは、「神命を請う」、「供え物をする」という要素からなると和辻哲郎はいう（『日本倫理思想史』第二章）。これは日本にかぎらない。**プラトン**の対話編『**エウチュプロン**』などを読んでみても、祀ることの意味としてこの二つが出てくる。

　神命を請うとは、困ったときに神に伺いを立てることである。これは、神を忘れずにいることだと私は解釈する。供え物をする、これは世話をすることである。そこから、祀るとは、忘れずにいて、世話をすることとなる。祀る相手は神という非常に畏れ多い対象である。いつも気がかりな対象である。しかし、祀りでもって何

プラトン：古代ギリシアの哲学者。前427－前347。ソクラテスの弟子。霊肉二元論をとり、真の実在は感覚の対象ではなく、霊魂の目でとらえられる普遍者（イデア）であると説く。著作はソクラテスと他の人々の対話編という形式をとる。代表作『ソクラテスの弁明』、『パイドン』、『国家』。

『エウチュプロン』：殺人を犯した親を告発することが敬虔なことであると考えるエウチュプロンに対して、ソクラテスは「そもそも敬虔とはいかなることか」と問う。敬虔の定義をめぐる問答とともに、古代ギリシアの神々のあり方への言及がなされる。

をしているかというと、忘れないことと、世話をすることである。それはケアにほかならない。日本の神は祀りを求める神であるとされるが、それは実はケアを求める神であると言いかえられる。そして、この解釈は、ケア・フォーの基盤にあるケア・アバウトを重視するものである。

神仏習合の解釈

この解釈の副産物として、「**神仏習合**」も説明できる。神仏習合とは、神道と仏教が折衷融合する不可思議なできごとで、奈良時代から平安時代にかけて行われた。統計をとったわけではないが、おそらく大多数の日本人は、神と仏を区別できない。日本固有の神道の神と、大陸伝来の仏教の仏は、神仏習合の果てに、神は現象で、仏は本質であるとされた。両者は区別しがたい存在となった。私の経験では、神仏が習合したことを話すと、欧米の人は一様に驚く。一神教の文化では到底理解できないことのようである。

神仏習合が可能となった理由の一番には、仏教も神道も多神教的であることが挙げられる。ユダヤ教、キリスト教、イスラム教の神は同じ神である。それは重要な経典を共有しているからである。仏教と神道には共有する経典がない。そもそも神道は儀式中心であって、経典を持たなかった。ところが両者は多神教の土壌に育っ

神仏習合：奈良時代から平安時代にかけて「神は仏の救済を必要とする」から始まり、「神は仏法を守護する」段階を経て、「神は仏が衆生救済のために現れたものである」という考えにいたる。ほとんどの神に対して仏が対応させられた。例としては、宇佐八幡神が菩薩でもあること。アマテラスオホミカミの本地を盧舎那仏とすること等。

たため宗教的に寛容であるし、神と仏が同じ現象や霊力を司ることも多い。こうしたことが神仏習合を可能にしたといえる。また、私的土地所有を契機に生じた、当時の支配層の罪意識の現れとする説明もある（義江彰夫『神仏習合』岩波書店、１９６９年）。

私には独自の解釈がある。このあたりはあまりにシンプルすぎて、眉唾と思われるかもしれない。さきほど述べたように、日本の神はケアを求める存在である。それにたいして、仏は一切衆生の救済、つまりケアを本懐とする。つまり、ケアする仏がいて、ケアを求める神がいる。自然のなりゆきとして、誰でも救うことを目的とする仏に、救われたいと思う神が接近する。

分かりやすく、人間の立場から述べてみる。それは、当時の人々が、人間を救うどころか逆に人間に祀りを求める神に満足せず、現世や死後の救いを与える仏を望んだからである。そしてその背景には、神とはケアを求める存在で、仏はケアする存在であるという特徴づけがある。これが神仏習合の開始についての私なりの解釈である。コロンブスの卵だと私は思っている。

神仏習合は日本人の心の奥にしっかりと根を下ろしている。そのことは、私についても成り立つ。ここで、本書の叙述についてあらかじめ述べておくと、それは神道的側面と仏教的側面の両方にわたる内容を持つ。その意味で、本書で行ったことは、私の内なる神仏習合の探究ともいえる。

たとえば、本章で人、神、自然をケアする、あるいは、第4章で死者を供養する、慰霊するというとき、ケアと神を祀ることとの類似性が基礎にある。そこでは、霊的・生命的存在との関係（ケア・アバウト、ケア・フォー）が重視される。つまり、神道的な立場が主となっている。他方で、第4章での善悪の因果関係や、第5章、第6章での恩の存在は、意識や感情を超えた原理にかかわる。生命と生命の個別的関係というよりも、必然的な法則である。そしてそれらは儒教と仏教に由来するといってよいだろう。本書では、神道的、儒教的、仏教的のいずれの立場にせよ、歴史を通じて現代の日本人の心の奥に持続しているものから原理を抽出してみた。その抽出の仕方に、私の思想の特徴があるといえる。

本論に戻るとしよう。神を祀ることはケアであるといっても、まだ理解できないかもしれない。ケアの日常的意味に近づけて説明してみよう。たとえば赤ちゃんは、適切にケアしないと泣いて手に負えなくなる。そこで、抱いたり、おしめを替えたり、お乳を与えたりのケアをする。ケアによって赤子が静かになると、親もひととき の平穏とともに充実感を覚える。これは神を祀ることとよく似ている。また、「七歳までは神のうち」（**柳田國男**「先祖の話」）というように、幼児と神は同一視されることもある。こうした類似性により、神を祀ることは一種のケアであるという説を

柳田國男：民俗学者。1875－1962。農商務省に入り貴族院書記官長を務めるが辞して、民間学としての日本民俗学の樹立に専心。生活と信仰を共有する日本人を考察対象とするその学は「柳田民俗学」と呼ばれる。代表作『遠野物語』、『民間伝承論』、『海上の道』。

補強できる。

また、終末期の人へのケアでは、そばにいて忘れないでいることと、苦痛に対処したり身体を拭いたりすることが重要である。死者への葬儀や供養でも、忘れないでいること、線香をあげることや供え物をすることが必要とされる。それらは、忘れないでいること、世話することという点で、神を祀ることと似ている。日本では神と死者は同一視されることもある。死にゆく人も死者に近い存在である。そのような人への態度がケアであれば、神を祀ることもケアと呼ぶことができる。

さらに、日本の神は全能どころか、弱くて殺されたりする。泣いたり傷ついたりもする。国を生んだイザナミでさえ、火の神を生んだとき、致命的な火傷をして黄泉の国へいく。そのような傷つきやすい存在としての神は、ケアの対象になりうる。

本書の「はじめに」を思い出してほしい。そこでは幸田文の『崩れ』を引用した。崩れは、神のごとく、ぎょっとするほどの威力、こちらの気を呑む迫力を持っていたが、その本質には弱さがあった。恐ろしさの奥に弱さを見たとき、幸田文は、崩壊にたいする怖しくもあり悲しくもある感情の正体を理解したのであった。『崩れ』は、日本の自然を語りながら、神を語ってもいる。その神とは、弱さを内部に持つ存在だといえる。

神仏習合についての伝承も、祀り、祭りがケアであることを支える。神仏習合のはじめの段階で、神社の境内にお寺、つまり**神宮寺**を建てる時に、夢のお告げに神が現れてこういう。「誰かに救われたいと常々思っていたが、誰も願いを聞き届けてくれなかった。寺を建てて仏によって救ってほしい。」そうした願いを表明した資料が複数残っている。これも、神は救いを求めていること、ケアを求めていることを補強する。

それでも、神を祀ることは「奉仕」であって「ケア」ではないと反論されるかもしれない。それに対しては、こう答えることができる。

図1で示したように、本来のケアとは、相手に受容されるような援助や世話をするものである。そうしないとせっかくの世話も「大きなお世話」となってしまう。そこから、相手による「受容」を重んじすぎる場合が生じる。そうなると、相手の機嫌をうかがい、相手の要求に合わせるようになる。ケアされる側が主導権をにぎることになり、ケアは世話から奉仕へと移行する。すなわち、ケアは世話と奉仕の間を揺れ動く構造を本質的に持っている。これは「ケアの論理」といえる。ケアの「倫理」ではなく「論理」である。

たとえば、子供を甘やかすことで、つまり子供の受容を中心にすることで、親を下に見たり支配するような子供になることがある。これは失敗したケアであるが、このような失敗はケアの論理から説明できる。

神宮寺：神仏習合の現れとして神社に付属して置かれた寺院。宮寺、神供寺、神護寺、神宮院、別当寺ともいう。気比神宮寺、伊勢大神宮寺、多度神宮寺、宇佐神宮弥勒寺などが文献上有名。神宮寺はほとんどの神社に設けられたが、明治維新以後の神仏分離によって神社に転向するか廃絶し、急速に数を減らした。

また、近ごろ、病院内では、患者の呼び方が、「患者」から「患者さん」、そして「**患者様**」へと変化している。これも、ケアが世話から奉仕に移行しつつあることを物語っている。「患者」と呼ぶ時は世話の要素が強く出ている。「患者様」では、「お客様は神様」のように、患者を祀りあげている。ここでは医療者は患者に奉仕している。このような状況では、「モンスターペイシェント」と呼ばれる高飛車で理不尽な要求をする患者が出現しやすい。これは、子供の甘やかしとよく似ている。「患者」でも「患者様」でもない「患者さん」は、中間の態度を示している。

日本の神は、畏怖すべき恐ろしい神から、お賽銭をあげてご利益をもらう神へ大きく変貌した。受験シーズンになると、学問の神様である天神様詣が激増する。しかし、天神（**菅原道真**）は祟りを封じるために祀られたのであり、もとは祟る霊、祟り神である。祀る、ケアすることで怒りを鎮めたのである。

神のこうした変貌は、神仏習合の結果、ケアを求める神がケアする仏の性格を持つようになったからであるが、ケアの論理からも説明できる。つまり、日本人の神への態度は、奉仕から世話に変わったのである。ただし、世話の仕方を誤ると神の持つ本性が現れてくるので、神社で行儀悪くふるまうことは避けなければならない。

自然が畏敬すべき存在から利用すべき存在へ変わったことも、こうした論理で説明できる。自然の威力を畏れ、そこに神の存在を見た日本人が、なぜ公害に代表さ

患者様：患者に「様」をつけることは、2001年に厚生労働省国立病院課が作成した指針以来、全国にひろまった。医療サービスの質の向上のための呼称変更だったが、違和感を感じる人も多い。患者からの意見も聴いたうえで、2012年11月国立病院機構宇都宮病院では、「患者様」を「患者さん」あるいは「患者の○○さん」に改めるという見解を出した。

菅原道真：平安前期の貴族・学者。845-903。宇多天皇の信任を受け、文章博士、蔵人頭、参議などを歴任。醍醐天皇の時、右大臣になったが、中央集権を進める政治改革に批判者も多く、藤原時平の讒言により大宰府に左遷され、同地で没。書をよくし、三聖の一人。死後、政敵の相次ぐ病死、清涼殿への落雷、醍醐天皇の崩御など種々の怪異現象が現れたため、御霊《ごりょう》として北野天満宮に祀られ、のち学問の神様として尊崇される。

れる自然破壊を行ったのかは興味深い問題である。これも、多くの神が自然と一体化していたことと、神への態度の変貌からある程度は説明できるだろう。神への態度の変貌は、自然への態度の変貌と並行しているのである。

神と自然とケア

日本の多くの神は自然という側面を持っている。自然は、ある状況下で霊力を持って神として現れる。『古事記』などを見ると、たとえば周りに神々がいる、場が霊力を持っている、神がある意図を持って自然に霊力を持たせる、あるいは傍に霊力を感じる者がいる、こういう状況下で、**動植物は霊力を発揮する**。

神を祀ることは神へのケアであると述べた。それは、自然へのケアともいいかえられる。つまり、人間と自然の関係を、人間と神の関係と類比的に語ることができる。ここまで来ると、生命倫理の概念である「ケア」を環境倫理において用いることが可能となる。生命倫理と環境倫理をケア概念で統一的に理解する道が開けることになる。これについては、拙著『生命・環境・ケア』第5章（九州大学出版会、二〇〇八年）に書いたので参照いただきたい。

環境倫理において、人間と自然の関係に適用されるケア・アバウト（心配、気がかり）とケア・フォー（世話、配慮、気遣い）の関係は、次のようになる。人間は

動植物の霊力：『古事記』、『日本書紀』や『日本霊異記』を見ると、動物や植物が理性では説明できないが否定しがたい力、いわゆる霊力を現すことが述べられている。いずれも、本文で挙げたような霊力を発揮する場の存在が条件となっている。なお、植物よりも動物は頻繁に霊力を発揮する。生態系も同様にしばしば霊力を現す。

制御しがたい自然の暴威を恐れる。ここにケア・アバウトの要素が現れる。それを鎮めるために種々のことを行う。その典型が防災である。これは一種のケア・フォーである。また自然への畏敬の感情、これも人をじっとさせておかない感情であり、ある種のケア・アバウトである。ここから、自然を尊重し保護するケア・フォーの側面が出てくる。

これからも分かるように、ケア・フォーの側面は、いわゆる善行にかぎられない。それは、ケア・アバウト、つまり心配、不安やそれに類する感情の解消をめざす行為であるといえる。このように、人間と自然の関係は、たんなる支配・利用の関係でも、単なる保護の関係でもなく、より複雑な関係にある。

そして、赤子へのケア、神へのケア、自然へのケア、これらにおいては、人間中心かどうかを問う必要がない。これは今まで述べてきたことから分かると思われる。人間は避けることのできない心配や気がかりのゆえに相手を尊重してケアするのであって、その意味で人間が中心である。それと同時に、相手の他者性の尊重もそこにはある。人間と自然はそのような関係にある。

将来世代への責任論で知られる**ヨナス**は、『責任という原理』において、赤子へのケアが倫理の根源であると述べる。ここには弱きもの、困窮したものを前にしてのケア・アバウトの不可避性がある。それはそう感じざるをえない状況である。ヨナ

H・ヨナス：ユダヤ人哲学者。1903-1993。自然と精神の一元論の観点から自然を目的論的に把握。自然支配を理想とする近代技術文明の破局を防ぐべく、将来世代への責任の倫理を提唱。代表作『グノーシスと古代後期精神』、『有機体と自由』、『責任の原理』。

スによれば、責任とはたんなる感情ではない。そうした状況では、客観的ことがらとして、責任が生じてくる。こうした不可避性を伴うケアは倫理の根源といってもよいだろう。これは、ケアを倫理の基盤とする理論の強力な主張者である**ノディングス**の考えとも近い。

ただし、「不可避性」を常に感じることは困難である。**ヒューム**も『人性論』でいうように、人間はかぎられた共感能力しか持ち合わせていない。だから、本当は助けなければいけないのだけれども、そんなゆとりがないとか、今はそうしたくないとか、色々な状況によって感情や態度が変わる。よって、不可避性を感じ続けるためには、親であること、あるいは人間として当然のこと、ケアが職業である、といった慣習や職業倫理が重要となる。いいかえれば、ケアの「脈絡」が重要になる。たとえば親であること自体、通常は一つの強力な脈絡である。仕事で疲れていても、親だから子供の世話をする。我慢する。ところが、その脈絡自体が弱まってしまうと、親であっても子をケアしなくなる。虐待や育児放棄などが生まれることになる。脈絡の脆弱化は、個人の問題でもあり、社会の傾向としてもある。現在、育児放棄や虐待が社会問題となっている。これは、親であるという脈絡が一般に弱くなっていることが、原因の一つといえる。

また、こうした脈絡は、育児放棄の親が責められるように、行うべきケアを行わ

N・ノディングス：アメリカのフェミニスト・教育哲学者。1929－。日本では著作『ケアリング』で知られる。ケアされる対象からの受容を要素に含む相互関係としてのケアを「ケアリング」と呼ぶ。また、個別的で状況依存的なケアリング倫理こそが倫理の基盤であるとする。

D・ヒューム：イギリスの哲学者。1711－1776。経験論の立場に立ち、従来の形而上学を批判し、実体・因果法則などの観念は習慣による主観的な確信にすぎないと主張。また道徳判断の基盤に理性ではなく道徳感情を置く。代表作『人性論』、『英国史』。

ない場合の制裁の根拠となっている。

通常のケアは、さきほど図示したように、ケアする人とされる人の相互行為・相互関係と規定できる。一方的な行為ではない。ケアを求めている人に、ぽんぽんと何かを与える、そのような行為ではない。相手から発せられる「困っている」というサインを受け止めて、よく考えて支援を送る。そして、送った支援を相手が受け入れる。そういう相互行為、相互関係が成り立っている。

ケア・アバウト（心配、気がかり）から始まって、さまざまなケア・フォー（世話、配慮、気遣い）へと至り、相手から受け入れられる一連の過程、これが本来のケアの過程である。

では、そのような過程のさらに奥には何があるだろうか。ケアの対象を人間だけでなく死者、神、自然にまで拡大してきたので、ケアも広い意味でとらえなおす必要が生じる。同時に、通常の意味よりも深い把握が必要となる。ふつうは、このあたりまでは考えないが、哲学的に思索するさいには、そのような掘り下げが不可欠となる。

まずはケア・アバウトであるが、その奥にある意味を探ってみよう。すると、少々長いが、「自分と相手の関係の破綻・悪化・秩序の乱れ・不均等化を前にした、不可避的な心配・気がかり」と解釈できる。

そこから、ケアを次のように規定できる。「ケアとは、関係の破綻・秩序の乱れ・不均等化への心配・気がかりを要因とする、よい関係の形成・維持・修復である」。これは、相手からの受容を必要条件としない、非常に広い意味でのケアの規定である。神や自然へのケアにも妥当するし、通常の相互行為としてのケア概念にも妥当する。

不均等を均等化することについて述べてみよう。これはひどく抽象的に聞こえる。しかし実際に、法の領域では、**刑罰や損害賠償**として現れている。罪を犯すことで人間の間に生じた不均等を、刑罰や損害賠償によって元に戻す。つまり均等化する。日常的にも、借りを返す、負い目を解消する、といったときに、均等化が行われている。

以上のようなケアを基礎とする環境倫理では、防災と保護・尊重・敬意は、ケア的行為の両面をなしている。防災と自然保護は「人間と自然のよい関係の形成・維持・修復」の両面に当たる。よい関係の修復には、当然ながら、防災とともに災害からの復興も含む。

防災を本格的に取り込む倫理は、能動的行為についての規範や権利を探究することれまでの倫理の立場と異なるものとなる。人間と自然の関係を中心とする倫理、さらには不可避的な関心・気がかりを基盤とする倫理が必要となる。

刑罰と損害賠償：これらはアリストテレスでは、危害や損害の回復をめざす「矯正的正義」の対象である。ここでは当事者は価値において平等とみなされ、損失と利得の量だけに着目して均等化が行われる。これに対して、名誉・財貨・権利・機会などの配分にかかわる「配分的正義」では、当事者の価値（身分、卓説性など）に応じた配分がなされる。

現代版アニミズム

以上のように、人間と自然の関係をとらえるとき、その基盤にある世界観はどのようなものだろうか。本書のこれまでの主張の多くは、日本の古代の思想の解釈から得られた。その世界観もやはり日本の古代思想を手がかりにできるだろう。端的にいえば、自然へのケアを主張するのだから、自然も魂を持つとする世界観がふさわしい。自然物、生態系も一種の生命であるという世界観である。上で述べた広い意味でのケアとは、その意味で、魂を持つものどうしの関係、魂と魂の関係、生命と生命の関係を表している。

自然物も魂を持つという世界観はアニミズムと呼ばれる。「山川草木悉皆成仏《さんせんそうもくしっかいじょうぶつ》」は日本仏教の思想だが、山も川も草木もすべて成仏するのであれば、これはアニミズム的思想である。仏教もアニミズム化されたように、このアニミズムは日本人の中に根強い思想である。ただし本章では、古代の姿そのものではなくて、現代におけるアニミズムを構想してみよう。

アニミズムの立場からは、大雑把には、ケアとは魂と魂、生命と生命の間に成立する関係の一つといえる。実際はもっと複雑であるが、非常に抽象化すればそうなるだろう。この関係には、人間と人間はもとより、人間と自然、さらに人間と社会、人工物（製品）の集合、情報の集合、これらも含むことができる。

奇妙に聞こえるかもしれない。社会や人工物の集合などは、人間を要素とする、あるいは人間が生み出したものだからである。しかしそれらは、自己発展する。動的秩序をみずから作り出す。そして、人間の制御できない面を持つという点で、擬似生命としてとらえることができる。たとえば、インターネット上の情報は、それ自体が生命を持つように増殖する。規制しようとしてもしきれない。いわば「つぎつぎになりゆくいきおい」をそこに感じることができる。

人工物の集合もそのような側面を持つ。人工物は、人々の欲求を背景に持つとともに、欲求を作り出してもいる。**欲求と製品の間には、循環的関係が存在する**。そこには、自己増殖性や動的秩序形成に類似したものを認めることができる。

そのようなわけで、生命倫理、環境倫理、技術者倫理、情報倫理などは、少なくとも一部分は、生命と生命の関係を扱っていると解釈できる。

魂と魂の関係は、人間どうし、人間と自然の関係から見てとれるように、常に紛争や不和、不調和を孕みがちである。よい関係の形成や維持は容易ではなく、関係がいったん悪化すると、回復・修復には困難がつきまとう。そういった意味で、ケアとはある種の紛争解決といえる。

看護や介護の辛さは、ケアに伴う困難さを物語っている。育児や介護での虐待、

欲求と製品の循環的関係：たとえばドラマやニュースを家庭で見たいという欲求がテレビという製品を生みだし、テレビを手に入れることで、カラーで見たいとか高画質で見たいという新たな欲求が生み出される。

放棄、バーンアウト、こうしたことは、ケアの大変さを示している。このように、ケアとは多くの場合、ハードな状況下での関係形成や修復であり、またそれだけ見返りとしての充実感も大きい行為といえる。

さて、現代版のアニミズムについて述べてみよう。アニミズムは決して未開社会や古代の世界に限定されないと私は考える。山川草木が生きているという感覚は、少なくとも一定の割合の日本人に残っているだろう。特に、災害のときなどには、自然の力に恐れ戦いたり、人間のふるまいとの因果関係を思いやることがある。

東日本大震災で、田畑や住宅を襲いながら進む黒い津波の光景を、記憶している人は多いだろう。それはまるで、巨大な生き物が地上を呑みこんでいくようだった。生き物としての海や波をそこに感じたといえる。幸田文が土石流を生きものと見たように。

われわれは実は二つの層を生きている。まず、そのことを主張したい。普通は安定した層が表面にあるが、時によって不安定な層が現れてくる。この不安定な層とは、たとえば柳田國男が『**遠野物語**』などで述べている、霊とともにあるような世界であり、河合隼雄がいうような無意識世界がそれに当たる。

河合の昔話の分析を見ていくと、いわゆる無意識世界のなかでは、生と死の境界や人間と動物の境が曖昧になる不安定な層がある。それが、たとえば災害に襲われ

『**遠野物語**』：1910年、柳田國男著。岩手県遠野郷の説話の採集者の佐々木鏡石から聞いた怪異譚の集成。山の神、里の神、家の神が登場し、山男、山女、神隠し、亡霊の話が多く、河童、狼、狐、猿なども登場。

たときや自分が重い病気だと知ったときなどに表面に現れてくる。そして一段落すると、もとの安定した層へ戻ることが多い。そのように、安定した層と不安定な層の二つの層を往来するのが、実はわれわれが生きている仕方、生の実態といえるだろう。

不安定といっても程度があるが、一般に、日常の秩序ある世界がある種の仕方で壊れているのが不安定な世界である。それは、生と死や人間と神の境界が薄れるという意味で、アニミズムを許容するような世界である。だから、アミニズムは未開社会の話などではなくて、実は今の日本人の生の世界、経験的世界にも含まれている。さらには、二つの層を往来することは、日本に特殊なことではなく、洋の東西を問わずわれわれの生きている世界の実相であるといえる。

不安定な層がどのような層であるかは文化的背景により異なる。日本では、それはアニミズム的な層だといえる。アニミズム「的」と呼ぶのは、その奥にある、さらに無秩序で神も人も自然物も融合するような混沌とした豊饒の世界が、本来のアニミズムの世界と考えることもできるからである。河合隼雄のいう無意識世界は、アニミズム的層とともに、さらに奥の層まで含むといえるかもしれない。

一神教の文化にいる人々は一般に、アニミズムを認めない。それどころか、日本の多くの研究者も認めたがらない。それならば、現代の都市にも見られる地鎮祭、また、しめ縄で飾ってある神木、花見、月見、海開き、山開きといった行事、動物供養、**包丁塚**や針供養などに対して、自らの立場を鮮明にすべきだろう。たとえば、それらはナンセンスな迷信である。峻険な山岳に対して感じる厳かさや畏敬の念は幻想にすぎない。あるいはカントのように、崇高な対象に感じる賛美は対象にではなく内なる理性に向けられている。そしてまた、神道の世界観は誤りであり、「山川草木悉皆成仏」などをいう仏教は本来の仏教ではない。そのような立場表明である。また、そのように言葉で表明したことは行動にも表すべきだろう。

四層構造

話を続けると、われわれが生きて経験している二つの層（日常的生の層とアニミズム的層）の上と下に、さらに別の層がある。それは五感でとらえることができず経験できないので、超経験的世界といえる。

そのような世界の存在を疑うかもしれないが、上の層については、多くの研究者は、それが存在することを納得する。それは、科学的合理性の世界、あるいは理性の世界であり、権利や正義などの根拠とされる世界である。カントが「**目的の国**」と呼んだ世界もこれに当たる。この層は、道徳や法の根拠とされているので、その存在を疑うことは難しい。

包丁塚：使い古されたり使えなくなってしまった包丁や、物故した料理人の包丁を感謝を込めて埋めたり、包丁捌きの技術の向上を祈願して建てられた塚。または、包丁に魂を入れるための塚。

目的の国：自律的で自由な人間が相互に人間の尊厳性を認め合う理想的共同体。目的の国では、理性にもとづいて法を立て、また自らそれに従うので、すべての人間が元首でありかつ成員である。

まず、われわれの生きる世界、経験する世界が二つある。日常の安定した世界と、非日常的な不安定な世界である。その上に理性の世界、合理性の世界、いわゆる近代的倫理などの根拠といえる世界がある。ここまでは納得できると思われる。

以上の三つの層とは別に、もう一つ、さきほど述べたように、最下層に生命そのものといえる世界が考えられる。これは、生命の根源の世界である。生物学的に見れば、自己複製や組み換えを通じて進化する生命の世界である。哲学、あるいは神話の視点からは、これは豊饒さ自体、混沌と無秩序の世界といえる。また、個別的生命に対する、生死を超越し無限に連続する生命の世界である。

『古事記』や『**日本書紀**』などの神話によれば、高天原の神々が成りいでる世界とは、神が名前を持つ世界である。それは天上の秩序ある世界である。しかし、名前を明かさない神、あるいは神々の根源である神が、さらにその奥に存在すると想定される。和辻哲郎はその存在を「不定の神」あるいは「無限に深い神秘そのもの」と呼ぶ。そう考えると、まさに無秩序、混沌の世界が、われわれの生きている世界の基盤にあると考えられる。

面白いことには、そうした本来は無秩序の世界から、高天原あるいは地上で秩序を作っていく神々や人間が成る、あるいは生まれる。そのような秩序形成のプロセスが日本の神話で述べられる。すべてを生み出すとともに、すべてを死滅させ呑み

『日本書紀』：720年、舎人親王らの撰。日本最古の勅撰の正史。中国正史に比肩する日本国家の史書として編集された。神代から持統天皇までの朝廷に伝わった神話・伝説・記録などを収める。やまと言葉の多い『古事記』と対照的に修飾の多い漢文で記述。

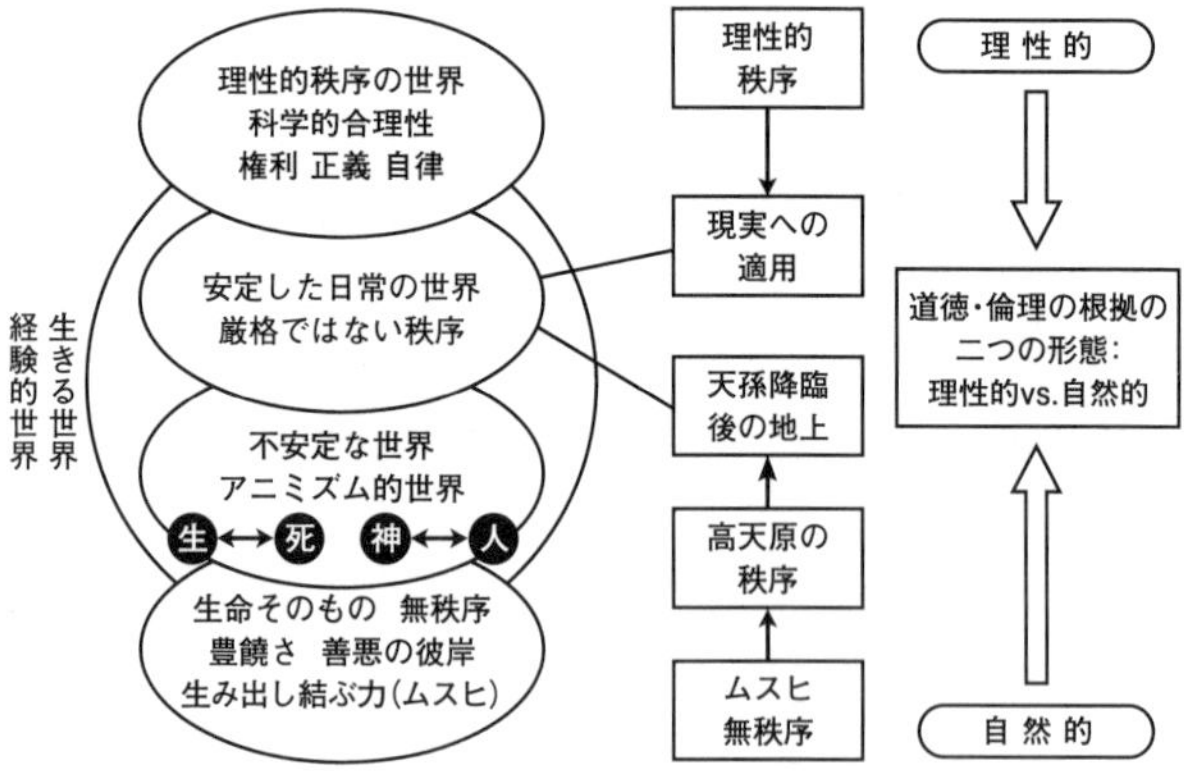

図２　四層構造と秩序化の二つの方向

こむ大いなる生命の無秩序は、生み出し結ぶ力（ムスヒ）として、それ自身のうちに秩序化をめざす要素を持っているわけである。

　以上の四つの層の関係を図示すると図2のようになる。

　まず、安定した日常の世界がある。そこでは理性的世界ほど厳格ではないが、秩序が成り立っている。ところが、今度のような大きな震災が起こる、あるいは自分や親しい人が重病になるとか、そのような時に日常世界がぐらっと揺れ動く。この不安定な世界は、ある程度秩序を保っているアニミズムの世界、さきほどの表現では、「アニミズム的」な世界である。ここでは生と死の境界が揺らぐ。日本神話で、神が人になって現れる世界、動物が霊力を発揮する世界である。さきほども述べたように、このような二つの世界を、生きる世界、経験的世界と呼ぼうと思う。

この上にあるのが、理性的秩序の世界、科学的合理性、あるいは権利、正義、自律といった道徳的概念の根拠になるような世界である。そして一番下に、生命そのもの、無秩序、豊穣さ、善悪の彼岸のような層がある。

道徳や倫理の根拠は、大きく二つに分けられる。この図はそれら二つの形態を表してもいる。一方は最上層を基盤とする理性的な根拠、もう一方は最下層による自然的な根拠である。すなわち**理性的秩序化**と自然的秩序化を表している。

秩序化ということに焦点を当てて考えてみよう。無秩序な産出力（ムスヒの力）が一番下の層で、ここから始まって高天原、地上へと秩序づけが進行する。一番下は無秩序だが、その無秩序の中から秩序が生まれる。これは、自然界の無秩序的なものから、次第に無生物、生物へと進化していくことと似ている。無秩序な、生命そのものであり、善も悪も何でもありの層、無意識の一番奥にある世界の中に、なぜか秩序化の動きがある。それが古事記神話に出てくる神々のふるまいだと思われる。

第1章で述べたように、日本の神話を特徴づけるものは、生命力と秩序化という生命の根本原理である。つねに湧き出る生命の力と、秩序の形成・維持・修復へ向

理性的秩序化と自然的秩序化：西欧の倫理思想の主流は理性的秩序化の立場である。東洋では儒教は理性的秩序化の典型であるが、日本では自然的秩序化の立場が主である。儒教と古来の日本の秩序化の相違は、からごころ（漢心）とやまとごころ（大和心）の対比として、日本では心のレベルでとらえられていた。

けた力、これらは、最下層にもとづく倫理・道徳のあり方を端的に示している。

日本の仏教は、下層からの秩序づけに巻きこまれ、次第に神仏習合していく。しかし、仏教における原理、たとえば第4章で言及する善悪の因果関係の原理は、それ自体としては、最上層にあるといえる。そして現代では、最上層の理性的秩序から導きだされた倫理や法規範が制度として存在している。権利、正義、平等、自由などがそこでは尊重される。周知のように、この方向へ近代は進んできた。現代では、この層をけっして軽視できない。

第1章では、これらも持続する制度として取りこむ可能性を述べた。それは下層からの秩序づけによるとらえ方である。逆に、最上層からの理性的秩序づけにもとづけばどうなるだろうか。権利、正義、平等、自由などが中核となり、共同体の秩序、慣習的規範などは、理性的普遍的規範を補完するものとなるだろう。

これは、かなり抽象的な議論である。もう少し具体化すると、生命倫理でもしばしば論じられる、ケアの倫理と正義の倫理のいずれを重視するかという問題となる（詳しくは、品川哲彦『正義と境を接するもの』ナカニシヤ出版、2007年を参照）。

いずれにせよ、現代版アニミズムは、理性的世界にもとづく規範を重視しなければならないだろう。その意味で、現代版アニミズムの世界観は、四層の構造を持っている。

祓《はらえ》のコスモロジー

災害とは、最下層の世界、生命そのものの世界が突如出現して、日常の安定した世界の秩序を揺るがすこととととらえることができる。災害に遭遇することで、安定した世界はひとつ下のアニミズム的世界に落ち込む。ここでは生と死の境界が薄れる。生者と死者の距離が近づく。また、自然と人間の境も曖昧になる。震災後しばらくは、日本人全体がこのようなシフトを経験した。

このような、人々の心に深く積もった鬱の気分は、第1章の井上光貞によれば「災気」と呼ばれる。これを回復していく活動、それがいわゆる祓ということだった。災害による災気の解消は、たんに心理的な事柄ではない。自然は災害を起こすと同時に、それを解消する機能も有している。生命の根源は、個々の生命を巨大な生命のもとに回収し悲しみを生じさせるとともに、その悲しみや嘆きをも回収する。悲しみ、嘆きは、そのとき、表層の心理のレベルにとどまらず、コスモロジカルなレベルでとらえられている。

このことをもう少し述べてみよう。祓についてである。祓を人間と神の関係の修復であると規定する研究者もいる（山本孝司『穢れと大祓』解放出版社、２００９年）。広義のケアは、不均等化した関係の修復を含む。その意味でこの祓の規定は、人間と自然の関係をケアととらえる立場と共通している。すなわち、祓とはケアの一種である。また、**ケガレ**や罪は、人間と神の関係の破綻を意味するともいえる。ケガレについては多くの説があるが、ケガレを秩序の破綻ととらえると、一応納得のいく説明ができると思われる。

大祓は6月と12月のほかに、大きな災害の後に行われた。大祓の行事から見てとれるのは、人間が作った罪の結果としてのケガレを、自然の基部にいる神が解消することである。

大祓の祝詞によれば、大祓とは天下万民が過ち犯した罪穢れを祓い清める神事である。これらの罪を祓い清める祝詞を天津《あまつ》神と国津《くにつ》神が聞く。天津神とは簡単にいえば高天原の神々で、国津神は地上の神である。罪が消えてなくなるプロセスは大祓の祝詞によると次のようである。

祓われた罪を、多支都速川《たぎつはやかわ》の瀬にいる瀬織津比咩《せおりつひめ》という女神が海へ持ち出る。海中の潮の合流点にいる速開都比咩《はやあきつひめ》という女神がそれをがぶがぶと呑む。それを、罪穢れを根の国へ吹き放つところである気吹戸《いぶきど》にいる気吹戸主という神が、**根の国**、底の国に吹き放つ。根の国は黄泉の国と同じところとも違うところともいわれる。ここには、スサノヲがいる（オホクニヌシが兄弟たちに殺されて行ったのもこの根の国で、オホクニヌシはここからよみがえってきた）。さて、根の国、底の国の

ケガレ：死・出産・血などが災厄を引き起こすとする神道および民俗信仰での中心的な不浄観念。ケガレは伝染すると考えられ、それをふせぐため「忌み」が必要とされる。生命力の枯渇「ケ（気）・カレ（枯れ）」という説と秩序の破綻という説などいくつか説がある。

根の国：「根之堅州國《ねのかたすくに》」「底根國《そこつねのくに》」、「根國底之國」などと書かれる。『古事記』ではオホクニヌシが殺されて根の国へ行くこと、またそこから地上の国に逃げ帰るときにヨモツヒラサカを通っていることから、根の国は黄泉の国と同じと考えられる。しかし、大祓の祝詞では根の国は、地下ではなく海の彼方あるいは海の底にあるとされる。また、根の国には正と負の両方の性格が与えられていると考えられるが、それは生命の根源の持つ力と暗さの両面ともいえる。

速佐須良比咩《はやさすらひひめ》がその罪穢れを持ちさすらい行くことで、天下には罪という罪が消えてしまう。これが罪穢れ解消のコスモロジカルな構造である。

古代の日本では、災害が生じてから、神意をうかがったり、人知による究明を通じて、その原因としての罪が発見されていった。こうした経験の積み重ねによって、罪や祟りを避ける規範が発見されていった。このように、生命の根源は、たんに暴威を振るったり、われわれに喜怒哀楽を与えるだけではなかった。それとの交流がある程度可能であると考えられていた。

古代の教えによれば、何が罪とされるかは神の気まぐれによる面があり、本質的に不確実である。罪という原因があらかじめ自覚されているのではなく、むしろ何かが起こってから罪が発見される。それと同様のことが科学の知識にもいえそうである。自然に対する知はある程度可能でも、災害はいつどこで生じるか予測できない。今回は大きな地震、津波があり、原発の事故があった。天災を天譴ととらえて、人間の側に罪を見つけることを関東大震災では多くの人がした。今ではそれに代わって、防ごうと思えば防げたこと、たとえば原発事故についてさかんに原因究明の議論がされている。

しかし、マグニチュード9のような地震とそれに伴う津波が生じなければ、こういう究明はされない。事故原因の究明プロセスは、まず原因があり、結果である事故が生じる、という因果の関係ではない。その逆の関係にある。事故の究明は事後の究明である。事故が起きなければ、原因はない。

事前の検討は「想定」がそれに当たる。事故の経験（結果から原因）や想定（原因から結果）をくり返すことで、事故の生じない世界が来ると思うかもしれない。それでも自然の完全な制御は不可能である。地質学者の松沢暢によれば、1万年に1回の頻度でマグニチュード10の地震が生じうるそうだ。東日本大震災の32倍の大きさである。われわれは災害とともにある。だから災害を予防し減災に努めなければならないのだが、災害があるのが常態と考えることもできる。共災とはそこに立脚する思想である。

共災の具体像

ここでより具体的な共災の像について述べてみよう。

共災の具体的なあり方は、「共病」つまり病気とともにある姿勢と似ている。人間には病気がつきものである。健康とは病気がない状態ではなく、一時的に病気が表面化していない状態ともいえる。これは共病の健康観であり、死生観である。

共病についていては次のようにいえる。無理をしない。病気を忘れずにいる。たとえば西欧古代中世の「死を忘れるな（**メメント・モリ**）」という言葉のように。また、

メメント・モリ：ラテン語で「死を忘れるな」。古代ローマでは「今を楽しめ」の意味で用いられたこともあるが、西欧中世のキリスト教世界では、この世での名誉や富の儚さを自覚せよという意味で使われた。

病気について謙虚に学ぶ。不断に身体チェックをする。人とのつながりを大切にする。悪化しても慌てないよう策を講じておく。一日一日を大事にする。こういう姿勢として共病は現れる。

それと同様に「共災」については次のようになる。つねに災害を意識する。科学的調査・検証を怠らない。省エネのライフスタイルをとる。地域のコミュニティを重視する。また災害発生時の避難経路などの確保。水道、電気、ガスなどのライフラインの確保。そして経済・政治・文化の拠点の分散といった最悪の事態への事前の対処など、災害被害を増大させない思いきった政策を実行する。また、それらの実現には、現在の世代とともに、将来の世代を視野に入れる必要がある。

最悪の事態の回避として、まずは、幼稚園、保育園、小中学校、高校、老人介護施設、病院などは高台に移転させるべきだろう。避難経路としての道路の整備・拡幅や、役場、公民館を兼用した避難用の高層多目的防災ビルを建てることも必要である。職住隣接の生活にこだわるべきではないだろう。新居住地としての高台や傾斜地の地崩れへの対策も欠かせない。それにより、日本の町の風景、とくに海岸風景は一変するかもしれない。もとの牧歌的な懐かしい風景は消えるかもしれない。しかし、江戸時代に起源を持つ火の見櫓が違和感なく街中にあるように、多目的高層ビルをシンボルとする防災市町村の景観は、いずれ新しい風景としてなじんでいくだろう。

ところで、共病と共災は異なる点もある。病気はいずれ人を死に追いやるが、共災はそうではない。共災という態度と思想は、将来世代にまで持続させるべきものである。共災とは、どれほど予防しても、誰でもいつでも災害に遭いうることを指している。このことを自覚することは、他者がこうむる災害への共感を増すことにもなる。無念のうちに亡くなった災害犠牲者の生の意義に、思いをめぐらすことにもなるだろう。また、災害をもたらす自然への畏敬、さらにはその保護も共災に含まれる。この点で、共病ともたんなる防災とも異なる。共災における自然への畏敬の心は、神を祀るときのように、自然との深いつながりへの感動にもいたるだろう。

ふたたび秩序化に戻ってみる。

今回の原発事故を通じて、強者と弱者が地域と個人の双方に存在することが明瞭になった。首都圏の住民と周辺の県の住民、また、親会社と下請け会社の社員の間の関係などである。ここには、いわゆる強者と弱者の差別が見受けられる。これは**環境正義論**が問題とするところである。医療の世界でいえば、高額の医療を受けられる人とそうでない人の差と似たものがここにはある。

不平等への批判は、ふつうはさきほどの四層構造でいえば上の方、理性からの秩序づけの立場からなされる。それとともに、下からの立場、すなわち人間関係とい

環境正義論：環境保全・保護と社会的正義の同時追求を示す概念。アフリカ系黒人の多い地域に有害廃棄物処理施設が集中したことや、途上国への環境汚染の輸出など、マイノリティや貧困層などの社会的弱者や途上国が環境破壊の被害者になりやすいことを指摘。

う秩序を重視する立場からも同様にいうことができる。共災の基本は、誰もが災を免れないことであるが、不平等は人間関係の破綻をもたらすので適切に対処すべきだからである。

このように、理性的秩序の層と生命そのものの層にもとづく両方向の倫理は、災害の予防や復興における倫理としても機能する。下からの立場は、自然の力の回復、よい関係の修復であるが、これはかなり大きなファクターである。復興への支援の多くは、この自然の力の回復の支援ととらえることもできる。それは、医療が患者の回復力を支援することであるのと似ている。下からの回復支援とは、具体的には、政府・自治体・ボランティアなどによる衣食住とライフラインの確保、地域コミュニティの維持・回復、また医療、就学・就業支援、心のケアなどである。他方では、正義や権利の規範の適用という方向がある。これは上からの方向である。プライバシー保護、地域住民の意思の重視、情報開示、公平な損害賠償、就学・就業の権利や医療を受ける権利の確保や機会均等などがそこで問われてくる。

第4章
災害犠牲者の生の意義
――レクイエムとして――

福岡県糸島市雷山千如寺の五百羅漢像（諸岡正明氏提供）

死者へのまなざし

東日本大震災後、私は、ある人の生の意義について語ること、とくに災害などで不慮の死をとげた人の生きた意義について語ることについて思索してきた。これまでメディアや論者は、主として震災を生き残った人々や、放射能汚染に不安を募らせている人々に焦点を当ててきた。まずは生きている人に向かうのは当然のことである。彼らは、現に悩み苦しんでいる。その苦境を知り対応策を考えることが先決である。それでも、私の中には、悲しみや無念さを抱いて亡くなり、今は声も発することができない人々に対していったい何ができるだろうかという思いが強くある。震災犠牲者についても、生前の言葉や行動の記録が公開されたりした。だが、それは一部の犠牲者にとどまっている。このような状況の中で、私は、無念の思いを持って亡くなった犠牲者について何が語れるのか考えてみたい。

大衆社会批判を主軸とした保守論客として知られる西部邁は、「私はこの震災をどう受けとめたか」で次のように述べる。

災害死は、事故死もそうですが、自死や戦死と決定的に違う点があります。自死・戦死にあっては、死にゆく者の「意志」の善悪、巧拙、軽重について、生者が、たとえ死者とは他人であっても、思いを致すということになりがちです。他方、災害死・事故死にあって死者のことを切実に思うのは、おおむね、家族だけです。（中略）その証拠に、メディアで騒がれているのは生き残った被災者や避難者の「生活」の苦しさ、ということばかりです。三万近い死者を、他人ははや忘却の彼方に追いやったということなのでしょう。そうなるのが憂き世の宿命と認めなければなりますまい。しかし、そうとわかりつつも、他者の「意図せざる死」を自分の家族に生じたことと想像する必要を訴えずにはおれません。（前掲『危機の思想』24頁）

災害死や事故死を自分の家族に生じたと想像するのは、実際は容易でない。顔も名前も知らない相手の場合はなおさらである。想像しようがないのである。それゆえ、災害犠牲者の死と生を意義あるものとするには、想像や共感では不十分である。ヒュームの『人性論』を引き合いに出すまでもない。人間の想像力や共感能力はかぎられている。

本章では、予期せぬ仕方で生を終えざるをえなかった人々の生の意義について、考えてみたい。そのことを、残された者の主観的心理状態によらずに、できるだけ客観的ことがらとして論じてみたい。「そう感じるからこうである」ではなく「そうであるからこうである」という議論をしたいと思う。

「共災の時代」とは、災害とともにあることを自覚して生きる時代である。そして、動揺する自然という土台の上で、動揺にもかかわらず、人間として充実した生を送ることが求められる時代である。その時代では、地震や台風、洪水、土砂崩れ、疫病などの発生を防ぐことをめざす。それが困難でも、被害を最小限にしようとする。つまり、防災、あるいは減災である。

それでも災害の犠牲者は後を絶たないだろう。「共災の時代」にふさわしく、自然、意気、諦念の契機の緊張ある統合でもって生きる人にも、不意の災害が襲う。諦念をいやがおうでも自覚する時代。そのような時代に、虚構へと逃れるのではなく、恵みも暴威ももたらすこの大地を踏みしめ、生を肯定する。そう生きる人にも災害は襲う。災害は非選択的なのである。徳ある人が必ずしも幸運でないことは、古来倫理学のテーマでもある。同様に、災害や事故の犠牲者にいつ自分がなってもおかしくない時代に、われわれは生きている。

災害の犠牲者に断ちがたい思い、悲しみの情を持つのは自然である。その情をふまえて、犠牲者に対していかなる姿勢をとるべきかが問われることになる。

死者に対する二つの姿勢

その姿勢はふつう、犠牲者を想い出すことである、あるいは、想い出すことと世話（供物を供え、焼香するなど）の合体した儀式、つまり供養である。これは慰霊、すなわち犠牲者の無念や後悔の思いに耳を傾け、それを解消することである。さきに述べた定義によれば、想い出す、忘れない、そして世話をする点で、供養はケアの一種である。ここでのケアの対象は、死者あるいは死者の霊である。供養とはたんに遺族の心を慰めるのではなく、死者の霊を慰める儀式である。

私はこの儀式が重要な意味を持つことを認める。死んだら無に帰するのでなく、**死者は死者としてこの世に存在する**。自覚の有無はともかく、そのように考える日本人は少なくないし、私もそう考えている（拙著『生命・環境・ケア』第2章・3章を参照）。死者はその意味である種の対話が可能な存在である。だから、仏壇や墓の前で、声に出さないまでも死者への呼びかけがなされ、死者の思いをくみ取ろうとする。死者に顔向けできないような生き方をしないという姿勢にも、死者を死者として存在するものとみなす考えが現れている。死者へのそのような態度から推測すると、死者はどこかでわれわれを見ているという感覚が、日本人の心の奥にあるといえる。

死者に対するもう一つの姿勢がある。それは、哲学や倫理学でほとんど論じられることはないが、死者の生に意義を与えること、あるいは意義を付加することである。死んだ人の人生の意義の高揚ともいえる。わかりやすくいえば「死を無駄にし

死者は死者としてこの世に存在する：多くの日本人は、死者は消えて無になるとは考えない。また、この世と別の天国や極楽に存在すると考えるとしても、盆には戻ってくるし、いつでもわれわれを見守っていると考える人も少なくない。死者はこの世に死者なりの仕方で存在するといえる。

ない」ことである。

慰霊は「霊を慰める」とあるように、主として死者のネガティブな思いの解消である。たしかに、死者や先祖にわれわれの安泰を願うこともある。しかし、死者への態度の核にあるのは、死者が安らかに鎮まることである。それに対して、死者の生の意義の付加は、死者がみずからの生を生きたことについてのポジティブな意義の付加、高揚である。また、これは、慰霊と異なり、死者の霊の存在を仮定する必要がない。つまり、死後の世界や霊の存在を認めない人にも訴えることができる考えである。

この二つは両立しうるし、また、けっして唐突に提示されているわけではない。それら死者に対する二つの態度は、終末期のケアの二つのあり方に対応している。

終末期のケア（**ターミナルケア**）は、日本では１９８０年代からさかんに論じられるようになった。そうした議論においては、一般に、二つのケアのあり方が注目されてきた。死者への態度と対応させてみよう。慰霊に対応するのは、死に近き人の不安や恐れを解消することである。人生の終末を迎えつつある人へのケアでは、その人のそばにいて話を聴くことや、身体の世話が重要とされる。そばにいて話を聴く。だまって聴いたり、相づちをうつ。話の内容を繰り返すような応答をする。こうしたことは、そばにいて忘れない姿勢をとることで不安を鎮めていく点で慰霊

ターミナルケア：終末期ケア。回復の見込みのない疾患の末期に、苦痛を軽減し生の質（ＱＯＬ）を向上させ、精神的な平安を与えるように施されるケア。ターミナルケアを専門に行う施設はホスピスと呼ばれる。

と類似する。

死者の人生を意義づけることに対応するのは、死を迎えつつある人がそれまでの人生の意義を見いだすよう支援することである。死を迎え、虚無感に襲われる人に、それまで生きてきたことの意義を見つけさせることは、充足感と安心をもたらす。たとえば、仕事で業績を積んだこと、子供を一人前に育てたことは大きな意義を持つ。家庭も子供もない場合でも、社会の一員として生きたこと、近所の人の役に立てたこと、趣味に打ちこむ楽しみを持てたこと、こうしたことにより、意味ある人生だったと納得する。そして、死出の旅じたくをすることができる。以上のように対応づけることができる。

さきにケアについて述べた個所で、死者と死にゆく人の近さについて言及したが、ここでもそれが見てとれる。ただし、叙述が進むにつれ、第二の姿勢はケアの領域から離れていくことが示されるだろう。

これら二つの姿勢の関係は、さらに探究すべき奥行をそなえている。おそらく日本思想の根幹にかかわることと思われる。しかし本章では、死者への姿勢の二つめ、すなわち死者の生に意義を付加すること、意義を高めることについて考えることにする。

死者の生の意義、いいかえれば、ある仕方で終焉を迎えた人生の意義について考えるために、まず、戦闘による死の場合を見てみよう。

あらゆる戦争や戦闘を否定する**絶対平和主義**に立つのでなければ、戦闘の目標達成に寄与した死は意義を持つ。それはまず、戦闘目標の達成により、自分の生をとりまく同胞の幸福に寄与したという意味で意義を持つ。たとえ目標を達成しなくても、戦闘では降伏せずに戦うことが大事である。撤退するさいにも戦いつつ退くのが鉄則である。その意味でほとんどの戦死は意義を持つ。

いいかえれば、戦死者の生は戦死において意義を持つ。それは無駄な死ではない。また、徴兵を拒否しないかぎり、兵士は戦闘で死ぬかもしれないことを念頭において前線に赴く。そのさいに、みずからの生を振り返り、自分なりに戦争を受けとめ、戦闘で終わるかもしれない人生の意義づけをするだろう。彼らは、ある程度にせよ、覚悟ができている。さらに、国家のため、ひいては自分たちのために死んだ者として、戦死者には国民からの哀悼が捧げられる。

災害、事故、そして脳卒中や心臓麻痺のような突然の死は、これと異なる。それらは、戦死と異なり、目標達成をめざす途上の死ではあっても、その過程での死ではない。その過程での死でないため、予測できない。戦争を身にふりかかる災害のようにみなすこともできるかもしれない。それでも、戦う兵は戦闘での死を覚悟してのぞんでいる。いやいやであれ、戦うことを引き受けている。そして、戦闘とい

絶対平和主義：理由や状況にかかわらず、あらゆる戦争を否定する立場。これでは侵略戦争のような悪しき戦争と、自衛のための戦争、占領から独立する戦争を区別できないという批判がある。

う任務の遂行過程で、ある程度予期された死が生じる。それに対して、上記の突然の死では、さまざまな目標を持って生きていた生が突然断たれてしまう。しかも、ほとんどの場合、死への予想や準備はない。このような場合、その死がその人の生にとって持つ意義とは何だろうか。目標を達成せずに挫折し、しかも挫折を予期しての反省や回顧のないような死は、結局のところ意義を持たないのだろうか。

災害犠牲者の死と異なる別の例として、**ソクラテス**の死について考えてみる。周知のように、ソクラテスは弟子たちが脱獄の手はずを整えたのにもかかわらず、牢獄にとどまり毒杯を仰いで死ぬ。その死は意図した死、自分で納得して選んだ死である。また彼にはプラトンというすぐれた弟子がいて、彼の思索を著作として残している。それゆえに、後世の人々は彼の思索をたどることができる。しかし、そのような業績を残す災害犠牲者はほとんどいない。こうした点でソクラテスの死と災害犠牲者の死とは大きく異なっている。

ただしここで、後世の人々が彼についての著作を読んで感動することに着目したい。感動のたびに、ソクラテスは新たな装いで現れる。そのとき、ソクラテスの生は新たな意義を獲得するといえる。このことに注目しよう。

ここから読みとれることは、人の生の意義は死でもって完結しないという点である。死によって生物学的意味での生存は終わる。しかし、生の意義は死後も更新さ

ソクラテス：古代ギリシアの哲学者。前470－前399。無知の知を説く。アテナイの智者たちを論駁して無知を自覚させようとしたが、告発され死刑に処せられた。著作はないが、その教説は弟子プラトンにより『対話編』として残された。

れる。意義が更新するかぎり、ある意味で生は終わっていないとすれば、生は死によっても終わらない。死後数十日、あるいは数年して、ある人の死を家族や知人が納得したとする。数十年経てば年忌法要も終わるかもしれない。それでも、その生の意義は更新しつづけることがある。

震災犠牲者の生の意義

生きているときに優れた業績があればこそ、ソクラテスの生の意義は死後も更新する。そのような業績もない、いわば無名の人の場合はどうだろうか。知人以外には生きた足跡も知られず、想像することもできないような人についてはどうだろうか。このような場合、第三者による慰霊の道は閉ざされている。生きた軌跡のあらましも知らないからである。それでは、生の詳細を知らない犠牲者に対して、われわれは何ら語るすべを持たないのだろうか。

ここで、ある類比に着目してみよう。それは**ケアと栄養**の間に成り立つ。

ケアは栄養と似ている。というのは、幼いころに与えられたケアは、栄養のように、誰によって与えられたかにあまり関係なしに、ケアされた者の中に宿るからである。たとえば、母親なしでも、それに代わる人によるケアで補うことができる。複数の人によるケアで代替することもある。ここでは、誰によってよりも、どのよ

ケアと栄養：いずれもそれが心身を養うこと、匿名性を持ちうることという共通点を持つ。「正義のヒーロー」ならぬ「ケアして疲労するヒーロー」であるアンパンマンが食べ物関係のキャラクターに囲まれているのは、ケアと栄養の類似性が基盤にあるからだと思われる。

うにケアされたかが重要である。そのことは、いわば、必要な栄養を和食でとらずに洋食でとることと類似している。栄養はどのようにとっても変わりがない。

ふつうケアを論じるときは、ケアするものとされるものの対面的関係が重視される。体面的関係こそ、ケアを正義や権利から分かつ特徴とされる。慰霊というケアにおいても、対面性が基本にあるし、ケアの対象はある程度知られている必要がある。しかし、栄養と似て、ケアは匿名性や集団性を持ちうる。すなわち、このようにいえる。ケアする場合の対象は多少なりとも知られている必要がある。しかし、誰がケアしたかは必ずしも知られていなくてよい。ケアによって誰がよい影響を与えたかが知られなくても、よい影響はよい影響として残るのである。

さらに、ケアと生の意義について述べてみたい。ケアされた人の成長は、その人だけでなく、ケアした人の生も意義あるものとする。それはケアした側に充実感が生じるからだけではない。たとえ充実感が生じなくても、その人の生の意義は高まる。このように主張したい。私が大事に見守った子供たちが成長し幸福になるとする。それは、私が感じなくても、知らなくても、私の死後であっても、ある意味で私にとっての幸福であり、私の生に意義を加える。さらには、行きずりの子どもや大人でさえ、私の言動により少しでも喜びや安心を覚えるならば、それは私の生を、少しではあっても、意義あるものとする。それを私が自覚していなくても同様である。そのことは、自覚や記憶といった心理的ことがらとは別に成り立つ。ここでは、対面性が必要とされないので、本来のケアの領域から遠ざかることになる。

さらに一般化して、人の生の意義について述べてみる。その中には、努力、自己実現などとともに、他者との交流による自他の幸福の増進が含まれる。他者によいことをすること、他者によい影響を与えることは、その人の生の意義を高める。そして、その意義は生前も死後も存在するし、更新しつづける。

それは、充実感をおぼえる、自覚するといった心理的ことがらとは別の筋道である。この点を強調したい。私が自覚しない言動でも、また、言動の影響を知らなくても、私の言動と生は意義を更新することができる。私の死後においてさえ、私の生は意義を持ちつづける。新たな意義が加わることもあるだろう。生の意義にとって自覚や経験は必要条件ではない。同様のことが災害の犠牲者にもいえる。すなわち、犠牲者の自覚や感覚なしでも、彼らの生自体に意義が加わることがありうる。

慰霊や供養の脈絡でいえば、彼らの霊は、生前の行為や意図、希望が、家族や知人たちに回想されることで慰められ鎮まる。ここには一般に、誰と誰の関係という個別的な関係がある。だが、上述のように、それとは別の脈絡がある。そこでは、誰と誰という関係だけでなく、匿名的関係も成り立つ。彼らの死は、家族や知人だけでなく、見知らぬ人々にも大きな影響を与えるかもしれない。たとえば大災害の犠牲者になったことが、多くの人の人生観を変えたり、政治、科学への反省を生じさせるかもしれない。そのことによっても、彼ら死者の生の意義は高まる。

震災犠牲者の生の意義にとって、記憶されるべき輝かしい業績や誇るべき達成、英雄的行動はなくてもよい。それらがあれば、供養の脈絡に納まることだろう。それとは別の脈絡では、犠牲者は一般に、無名でも匿名でもかまわない。これは、災害、事故の犠牲者、突然死した人たちに当てはまるし、戦争犠牲者にも当てはまる。

つまり、その脈絡では、犠牲者は無名でよい。多数のうちの一人でもよい。死者であるから、当然ながらもはや亡くなっており経験の主体ではない。それでもかまわない。

こうした叙述をみちびくのはセンチメンタリズムではない。それは、生の意義についてわれわれが無意識的にせよ考えてきたことを、明るみに出したにすぎない。ここでは、犠牲者たちの持っていた意図や目的、計画は重要事項として登場しない。**災害の犠牲になる直前**に思っただろう無念さ、悔しさ、恐れも、ここでは重要とされない。その死を受けとるわれわれの感情や思いさえも、それ自身としては軽視できる。これは、心理ではなく因果の脈絡である。

肝心なのは、まず、きわめて多くの人が犠牲になったという事実である。そして、その事実に影響されて、どのようにわれわれの生き方や政治が変わり、科学・技術

死の直前の思い：恐怖、無念、悔しさなどの思いを繰り返し回想することで鎮めていくのが供養の脈絡である。それは同時に遺族の感情の鎮静過程でもある。ここで述べる別の脈絡では、死者の懐いた思い自体は重視されないが、生きている人々のポジティブな行動の原動力になることで、いわば昇華される。

への反省が生じるかなのである。このような事実と行為の間の因果関係が重要なのである。

同じことをこう考えることもできる。震災の犠牲者たちはその集団的な死によって、われわれの生き方について貴重な教訓を与えた。その意味で彼らは死によってわれわれを養った。われわれは犠牲者を弔い供養するが、実は犠牲者たちによって養われてもいる。われわれがいかに養われたかということで、彼らの生の意義は変わりうる。生の意義は生前の業績や行為によってだけ決定されるわけではない。それは、人にいかなる影響を与えるかにも依存する。その意味で、死者の生きた意義は、残った者の行為にも大きく依存する。結果である行為が逆に、原因である災害による犠牲に意味を付与するのである。発想の転換がここにある。

犠牲者によってわれわれは自らの生き方を振り返ることができる。天譴思想はこれと関係している。そしてまた、いかに彼らの生を意義あるものとするかは、亡くなった親にいかにして恩返しするのかと似ている。

『日本霊異記』と善悪の因果論

ケアということを手がかりに、死者の生の意義の高揚について述べてきた。そのさいのケアの扱いは、第3章でのケアのとらえ方と異なると感じた人も多いだろう。それは死者への二つの姿勢の異なりと対応している。また、死者に対する日本人の思想の根幹にもかかわると思われる。それについて今まで明示的に語ってこなかったので、ここで少し述べてみたい。

一つ目の姿勢・脈絡では、第3章でのケアの理論と同様の、ケア（供養、慰霊）する人とされる人の対面的関係が成り立っている。ケアされる人（死者）は、ケアされることで救われたり安心したりすると考えられる。また、ケアする側は、それによってある種の安堵感や責務からの解放感をおぼえる。この脈絡では、どのようなケアをいかにすべきかが重要であり、ケアする側に焦点が当てられる。そして、ケアする側とされる側の関係は、個別的であり対面的であり、ふつうは熟知している人への供養や慰霊が行われる。一般に、この脈絡はケアの理論のはたらく脈絡である。

それに対して、第二の脈絡にあるのは、一見すると不思議な関係である。ここで主となるのはケアされる側である。もう少し分かりやすく述べてみよう。死者の死に影響されて、われわれの生き方や行動がよい方向へ変わるとき、死者はわれわれを支援した、すなわちケアしたとみなすことができる。ケアはいわば後付け的に登場する。そのような関係である。このとき、われわれの側での変化は、影響や結果とみなされるので、能動的行為でも受動的変化でも構わない。また、ケアされる側と、後付け的にケアする側の関係は、対面的個別的でなくてもかまわない。明らかにこれは、ケアの理論の通常の射程からはなれている。

この二番目の脈絡では、行為・出来事の間の因果関係が重要である。第一の脈絡で重視される共感、充実感、安堵感などは考慮の外に置かれる。ここでは心理的ことがらではなく、出来事の間の因果関係が重視されるのである。

何かを意識する、自覚する、経験するといった心理的次元と別のこととして、まず物理的次元が思いうかぶ。物理的次元では、質量、長さ、体積、圧力、時間など物理的対象の性質が問題となり、心理的要素は登場しない。しかし、心理的次元抜きで行為や出来事の因果連関を語るのは、物理的次元だけではない。

それは宗教的次元でも語られる。たとえば『日本霊異記』にそれを見ることができる。

『日本霊異記』の正式名称は『日本国現報善悪霊異記』という。薬師寺の僧、景戒作といわれ、8世紀から9世紀にかけて執筆された。水害、凶作、蝦夷の侵攻、権力争いが絶えない時代であり、民衆は疲弊し多くの餓死者が発生した時代であった。善行は善果を生み、悪行は悪果を生むという厳然たる因果の理法を人々に自覚させるために全国の実例を集めたものである。人々の心に訴えるために、場所、人名等はできるだけ詳しく書かれている。いわば調査報告の古代版のような体裁である。年代としては5世紀から8世紀末までの時代が対象となっており、『**今昔物語集**』の説話にはこれに依拠したものがある。

上巻の第十に次のような話がある。

ある家で12月に前世の罪を懺悔するため一人の僧を呼んだ。法要を終え、僧は明日の法事のため一晩そこに泊まった。主人が掛布団をかけたとき、僧は、明日を待たずにこの布団を盗んで逃げた方が得だと考えた。そのとき、どこからか、布団を盗んではならないという声がした。倉の下にいる牛が発したものだった。僧がそばに行くと、牛はこう語った。「私はこの家の主人の父親だが、前世で、人にあげるために子に無断で稲を10束盗んだため牛に生まれ変わり、前世の罪をつぐなっている。」翌朝、法事をすべて終えてから、僧は自分が聞いたことを家人に話した。主人は牛のそばに藁を敷いて、本当の父ならこの上に座ってくれという。牛は膝を曲げて藁の上に座った。一同は大声で泣いてから牛に礼拝し、前世の罪を帳消しにするといった。牛は涙を流し、大きくため息をつき、やがて息をひきとった。

この話では、誰かに稲を10束あげるためという意図よりも、子に無断で稲を取ったという事実が重視される。重要とされるのは、意識や自覚ではなく、何をしたかである。人に稲を与えるという善行と、無断で稲を取るという悪行、すなわち行為の善悪のバランスがここでは問題となっている。

『今昔物語集』：日本最大の古代説話集。12世紀前半の成立。編者未詳。1、000余の説話がすべて「今は昔」で始まるので「今昔物語集」と呼ばれる。仏教説話を中心に世俗説話も収める。

このような話は『日本霊異記』にいくつも見られる。たとえば、下巻第二十四の話もそうである。

神社のお堂に住み着いて修行していた恵勝という僧の夢に、誰かが現れた。経を読んでほしいという。翌日、小さな白い猿がやってきて、法華経を読んでほしいと頼む。猿は東天竺国の大王だったが、修行僧に仕えて労働しない者が千人もいたので、僧の従者の人数を制限した。仏道修行を禁じていないが、結果としてそれが修行の妨げとなり罪業となった。そのため死後に猿に生まれ、この神社の神になったが、猿の身を逃れたいので経を読んでほしいということだった。僧は別の僧に協力を頼むが、猿のいうことを信じない。そのとき、その僧が住職を勤めるお堂にこの猿が登ったと思う間もなく、お堂や仏像が粉々になってしまう。驚いた僧たちは協力して猿神の願いをかなえてあげた。

ここには、神が仏教によって救われたいと願う記述がある。第3章で述べた神仏習合のはじまりを思わせるくだりである。それはさておき、この猿神は東天竺国の王だった時に、知らないうちに罪を犯し、それにより猿神になったのであった。因果の道理は、意図や自覚とは別の次元にあることがわかる。

『日本霊異記』の説く因果関係は、仏教的なものである。仏教を信じたため耳が聞こえるようになる、御馳走を得る、仙人になる、蘇生するなどの果報を受ける。あるいは、僧をそしったり戒律に背いたために急病で死ぬ、大地の裂け目に落ちて死ぬ、地獄に落ちる、罪滅ぼしのために牛に生まれ変わるなどの報いを受ける。

このような厳然たる因果関係から、前世、地獄、生まれ変わりといった仏教的な実質を取りさってみよう。残るのは、善行と善果、悪行と悪果という因果関係である。これは、仏教色を消している。脱色しているが、善悪の因果の理法を認める点で、仏教的でもある。

その因果関係は時をへだてる必要はない。因果が同時でもありうる。たとえば、悪いことをするとき、そのときすでにその人には、悪いことをしたという烙印が押される。目に見える形として烙印が現れるのには、時の経過が必要かもしれない。しかし、烙印は悪行のときに押されると考えてもおかしくない。また、良心の呵責が生じなくても烙印は押されるし、悪事にもかかわらず栄えたとしても烙印は消えない。行為が「業」であるというのも、因果の同時性を表している。このような道徳的直感が、善悪の因果を支えている。

それでは、そのような道徳的直感は、第3章で述べた世界の四層構造や倫理・道徳の根拠とどのような関係にあるだろうか。第3章でも触れたように、善悪の因果は最上層からの秩序づけといえる。この因果は心理や制度を超越してはたらく厳然たる理法である。

業：仏教の基本的概念。行為を意味する。行為は善悪に応じた因となり、それに対応する果報を生じさせる。インドでは業は輪廻転生とセットになっていた。

『古事記』などが語る生命的秩序づけだけで、日本人は満足することはなかったと思われる。そうした秩序は生命的、また動物的といえる。持続する制度への訴えにより動物的生を越えるだろうが、それでも生物の生き方の延長上に人間の生があることになる。また、ここには死や病苦からの救いもない。宣長のいう「**安心《あんじん》なき安《あん》心《じん》**」、救いなき救いは、神の恣意にまかせるものであるが、人はそれだけでは納得できない。仏によって救われたいという神の願いは、実は人々の願いであった。『日本霊異記』が執筆され、そこから多くの説話が派生した事実は、仏教的因果による救いを人々が強く求めたことを示している。そうした因果は、たとえば、お賽銭をあげれば願いがかなうという、現代にも続く素朴な信仰の基底にもあると思われる。

四層構造の最上層には、日本では仏教や、天にもとづく秩序を説く儒教がある。そして、現代ではこれに、自由、平等、権利、尊厳などの欧米思想が加わる。本章では仏教の因果論から輪廻を外したものを最上層の原理として立てた。この因果論は、普遍的な「道理」の一つともいえる。輪廻を外した理由は、とくに現代の日本人は輪廻思想を信じているとは思えないからである。また、最上層とはいえ、下からの秩序づけにしたがえば、善悪の因果論は人々の考えの中で持続する観念としてとらえることもできる。

原因と結果の話に戻そう。ふつうは、原因となる行為や出来事は結果に影響され

安心なき安心：本居宣長は、天地の道理は神の仕業ゆえ人知で測りがたく、また、善人も悪人も死後は黄泉の国に行くのであり、安心のためにあれこれ考えず神に身を任せるのが安心であると説く。

ない。因果関係は一方的である。死者の生の意義を高める、この二番目の脈絡でも、原因が結果に先立つことはない。ただし、後の行為や変化が、時をさかのぼって過去の行為や出来事の性質を変えることがある。ケアが後付けされるというのは、そのようなことである。いわば、結果が存在することで原因が原因として知られるという関係にある。むしろ端的にこういってもよいだろう。現在によって過去のあり方が変わる。

ニーチェは、宇宙の出来事は永遠に繰り返すという永劫回帰思想を唱えた。過去も現在も未来も、まったく同じことが永遠に反復する。これは、輪廻転生よりも徹底した立場である。永劫回帰の立場からいえば、輪廻転生の永遠のプロセス自体が無限に反復する。ここには自由意志はなく、すべては必然的に反復する。このようなとき、この現在の瞬間を必然的に生じたものとしてではなく、そのように欲したものと受けとめてみる。いわゆる運命愛であるが、それにより、現在を肯定するとともに、過去を救済するとニーチェはいう。すでにあった過去を、数々の苦しみや後悔を含めて、そのようにあったことを欲することで、救うというのである。

現在のあり方によって過去のあり方を変えることを、永劫回帰のような大掛かりな装置なしで考えられないだろうか。因果応報という因果の一方向性を説くかぎり、善悪の因果論では不十分である。別の仕方で、現在の変化による過去の変化を

F・ニーチェ：ドイツの哲学者。1844－1900。神や絶対者を否定し「神の死」を宣告。キリスト教道徳を弱者の奴隷道徳として批判。ニヒリズムの到来を告げ、永遠に反復する今の一瞬を肯定する超人を説く。代表作『悲劇の誕生』、『道徳の系譜学』、『ツァラトゥストラはかく語りき』。

語る必要がある。そこで注目されるのは**ケンブリッジ変化**という概念装置である。

ケンブリッジ変化

災害犠牲者の生の意義についての話をつづけよう。因果関係として重要なのは、悲惨な死に方で終わったという最期を含む死者の生きた軌跡がわれわれにおよぼす影響である。たとえば、故人となったAさんの生の意義について考えてみよう。その意義は、Aさんが生前どれだけ幸福を感じたか、感動したか、自己実現したかによるだけでない。Aさんの生き方が、生前あるいは死後に他の人々にどれだけの影響を与えたかにもよる。

影響といっても、Aさんの生からたんに受動的に影響されるだけではない。われわれの能動的行為も含まれる。Aさんの人生に影響されて、Bさんの生き方が変わる場合がある。たとえば、逆境を生き抜いたAさんに感動して、Bさんはそれまでの自堕落な生活を改めるかもしれない。逆に、逆境克服の大変さを見て、自堕落に徹することで最後には後悔するかもしれない。前者ではAさんの生はBさんにとってよい影響を与えたが、後者はそうではない。前者ではAさんの生の意義は高められるが、後者は逆である。すなわち、Bさんの行為や生き方によって、Aさんの生の意義は高められたり貶められたりしうる。

ケンブリッジ変化：イギリスの哲学者P・ギーチが1969年公刊の『神と魂』で用いた語。ラッセルやマクタガートら当時のケンブリッジ大学の哲学者たちの使用した、「変化」の概念に対して名づけた。

「死を無駄にしないように生きる」といわれるように、死者とかかわる仕方が、死者の生の意義を高めたり貶めたりする。では、そのとき、死者をどうとらえているのだろうか。死者はどのような存在とみなされているのだろうか。

死者の生の意義の変化は、一つには、死後の霊や魂を想定することで説明できる。霊や魂が死後にも存続すると考えれば、その霊や魂をことば（生前の名や戒名）で指示できる。そして、その霊や魂は、死後の毀誉褒貶を感じることができるかもしれない。

しかし、霊や魂を仮定しなくても、それは説明できる。それには、「ケンブリッジ変化」といわれる変化に言及する必要がある。「ケンブリッジ変化」とは、ケンブリッジ大学の哲学者たちが規定した定義では、偽の変化とみなせるものも変化と呼ばれることから、そのような偽の変化に対して名づけたものである。（一ノ瀬正樹『死の所有』東京大学出版会、２０１１年、第5章）。

これは、主体自体に何らの実在的な変化がないにもかかわらず、主体と他の存在者との関係や、他者からの評価が変化することで生じる変化である。むずかしく聞こえるだろうから、例で説明してみる。たとえば、あるときX氏をYさんが好きになったとしよう。そのことをX氏が知れば、X氏には嬉しいとか有難迷惑といった感情が生じるだろう。その場合、X氏には実在的変化、すなわちふつうに変化と呼ぶものが生じている。X氏をYさんが好きになることで、X氏には感情の変化が実際に生じたからである。

そうではなく、X氏のまったく知らないところでYさんがX氏を好きになったとしよう。その好意は、Yさんの胸に秘められていたし、X氏の生前には耳に届かなかったとする。その場合、X氏自身には実際の変化はない。何も知らないからである。そして、そのまま生を終えるとする。たしかにX氏には実際の変化は生じなかった。だが、Yさんが好意を持ったときから、Yさんから好意を持たれているという性質が、新たにX氏に付け加わったといえる。

これが「主体自体に何らの実在的な変化がないにもかかわらず、主体と他の存在者との関係や、他者からの評価が変化することで生じる変化」である。X氏の性質は、実在的にではないが、何らかの意味で変化したといえる。こうした変化は、ケンブリッジ変化と呼ばれる。ふつうはケンブリッジ変化は取るに足らないものである。しかし重要なものもある。

とくに評判、名誉にかかわる場合、ケンブリッジ変化は重要となる。たとえば、誰かが自分の知らないところで悪口を言っているとしよう。その悪評はまったく当人に届かないとする。それでも、そのような行為を不快に思うだろう。そして、悪評によるケンブリッジ変化は、さらなる悪評を呼ぶかもしれない。現代のようなインターネットの時代では、個人情報が知らない間に世界中に流出することがある。当人とまったく面識がなく、一生会うこともない人たちであっても、知られたくない情報が伝わるのはいやなものである。

ここが大事な点であるが、このような変化はX氏の死後にも生じうる。たとえば、X氏が犯罪者として亡くなったとしよう。その後、遺族の努力が実り再審が認められた。再審では無罪判決が出て、X氏の名誉回復がなされたとする。この状況では、故人であるX氏が実際にこうむる変化はない。X氏はもはやこの世にいないので、自分の名誉回復によって何かが実際に変化するわけではない。だが、X氏の裁判が誤審と判明したことは、X氏の性質、あり方を変化させる。つまりケンブリッジ変化が生じたのである。この変化は、X氏の名誉を回復させるものである。そしてそれは家族にとってだけでなく、X氏にとっても重要な変化である。そうでなければ、死後の再審など請求しないだろう。

ここでは、死者のこうむる変化について語っているが、死者の霊魂の存続という前提は不要である。回復された名誉は、死後のX氏ではなく、生前のX氏の名誉である。X氏の霊に名誉回復を告げることが多いが、霊の存在を仮定する必要はない。「X氏」という言葉で、いま何らかの仕方で存在する霊ではなく、生前のX氏を指しながら、死後の名誉回復について語ることができる。このようにケンブリッジ変化は、死後の霊魂の存続を必要としない。

今度は死者の名誉棄損について法学者に語ってもらおう。刑法第230条2項には「死者の名誉を毀損した者は、虚偽の事実を摘示することによってした場合でなければ、罰しない」とある。刑法学者である大塚仁の『刑法概説（各論）』第3版（有斐閣、2002年）では、名誉棄損罪が持つ**法益**として次の4点が挙げられる。（a）死者に対する社会的評価（追憶）という公共的法益。（b）遺族個人の名誉。（c）遺族が死者に対して抱いている敬虔感情。（d）死者自身の名誉。

大塚によれば、（d）が通説で、（c）も有力とされる。「死者自身を名誉の主体と認め、その生前有した社会的名誉が死後も刑法的保護の対象とされるとともに、併せて、遺族の死者に対する名誉感情をも保護するのが本罪の趣旨と解するのが妥当である。」（同書、148頁）。しかし、死者を法益の主体とすることは死後の死者の存続を意味しないだろうか。それに対してはこう述べられる。「死者自身の名誉を法益とみる立場に対しては、死者を法益の主体と考えるのは、法体系全体の構造と調和しないという非難が加えられているが、死者を法益の主体とすることは、死者を人格の主体とか権利の主体とみることではないから、別に法体系と矛盾するものではない。」（同頁）。

なかなか難しい話だが、ともかく、死者の名誉棄損では遺族の感情だけが守られ

法益：主として刑法学で用いられる概念。法令がある特定の行為を規制することによって、保護・実現しようとする利益。保護法益ともいう。法益の持ち主に着目して、個人的法益、社会的法益、国家的法益に分かれる。

ているわけではないことがわかる。死者についていわれる、人格の主体でも権利の主体でもない法益の主体とは、本章の表現を用いれば、ケンブリッジ変化の主体である。これによれば、名誉にかんするケンブリッジ変化は重要なものであり、死者が生前有した名誉が死後も刑法的に保護されるのである。

本章を振りかえってみよう。死者の生の意義の高揚を主張するためには、その高揚が自覚や意識なしでも成り立つことを必要とした。宗教的な特別な仮定を持ち込まないかぎり、死者はもはやいかなる経験もできないからである。自覚や意識といった心理的次元なしで成り立つ、いわば論理的な関係として、『日本霊異記』を例にした。そこでは、仏教の因果の理法という関係をとりあげた。ところがそれは輪廻のように霊魂の存続を前提していたので、それを脱色した。さらに、結果によって原因の性質が変化することを可能にするものとして、ケンブリッジ変化に着目した。ケンブリッジ変化は、死者の名誉棄損や名誉回復のような、死者のこうむる変化を説明できる。それはまた、死者の生の意義の高揚や更新がいかなるものであるか説明することができる。

震災の犠牲者たちの生は、死後もその意義を更新する。そして、災害をポジティブに受け止めて、災害に強い国づくりをすること、また、共災にかなう生き方をすること、人間と自然の本来あるべき関係を問い続けること、そうしたことは犠牲者たちの生を意義あるものとする営みである。

このような論議の奥にあるのは、さきにも述べたように、「誰々の死を無駄にしないように生きる」と日常でも語るごく当たり前のことである。推論の果てに当たり前の結論に至ることは、けっして不首尾なことではない。長い歴史を通じて培ってきた生と死についての感覚は、真実に触れていることが多い。そして、思索とは、一部見えている真理を、他の真理もろとも明らかにしていくことなのである。

第5章

生きとし生けるもののつながり

すべてはつながり合っている（諸岡正明氏提供）

養い関係の拡張

前章の第4章では、死者に対する態度として、慰霊とともに、死者の生の意義の高揚を挙げた。慰霊とは死者を供養する、ケアすることであった。これには第3章で述べたケアの規定が当てはまる。すなわち、ケア・アバウト（心配、気がかり）からはじまって、さまざまなケア・フォー（世話、配慮、気遣い）が相手に受け入れられる一連の過程としてのケアが考えられる。慰霊においても、死者が生前に願った仕方で葬儀や供養をするなど、相手による受け入れは暗黙の前提である。

ところが、死者の生の意義の高揚はそうではない。対象との個別性や対面性はなくてもよい。また、心理的要素ではなく、行為や出来事の因果関係が問題となる。そこには典型的なケアは現れていなくてもよい。

第4章で登場した「ケンブリッジ変化」は第5章、第6章でもキーワードとなる。ケンブリッジ変化は、死者について、また食料となって消えた動植物、過去世代について語るのに有力な概念装置だからである。さらに、第5章、6章では、「恩」がキーワードとして登場する。

第4章では、善悪の因果論に言及した。そこでは、『日本霊異記』の仏教的善悪観にしか触れなかった。どのようなことが善あるいは悪であるかは、時代や立場によって異なる。それでも、自己実現や自律、自立、**連帯**、健康、富、安全などは、一般にわれわれが望むものである。つまりよいものである。そういってよいだろう。それを得ることは、生を充実させ、幸福感を生み、生きていることの価値を高める。つまり生の意義を高める。また、他者にそれを得させる者は、他者の生の意義の高揚に寄与する。そして、その理由で、自らの生の意義を高めもする。すなわち、自己実現、健康、富、安全などのよいことは、それを得た者だけでなく、それを得させた者の生の意義も高める。

影響を与えた側での生の意義の高揚は、よい影響を与えたことによる。影響を与えた側に心理的な充実感や幸福感が伴わない場合でもそうである。影響を与えたことを当人が知らない場合でさえ、生の意義の高揚はありうる。よいことをした人は、それが理由で、生きているあるいは生きた意義を高めたことになる。これは、善悪の因果関係にもとづいている。

このことは亡くなった人にもいえる。亡くなった人は、自分が死後にどのような影響を与えたか知ることができない。原理的にそれはできない。ところが、亡くなった人でも、他者によい影響を与えることで、みずからの生の意義が高まる場合がある。その変化がケンブリッジ変化と呼ばれることは、すでに述べた。

ここで、言葉の意味の拡張を行うことにしたい。それによって、ふつうには関係

連帯：社会や集団が示す結びつき・連繫。フランス革命を起源にもつフランス共和国の標語「自由、平等、友愛」の「友愛」の系譜に連なる概念として、「連帯」はとくにフランスの思想や法において重視される。

ないとされる事柄を連関させることができる。

他者に対して、自己実現や自律、自立、連帯、健康、富、安全などといった、いわゆるよいことを支援することは、広い意味で「養う」ことをしているといえる。このように「養う」の意味の拡張をしてみる。ケアするともいえるが、ここでは養うとしてみる。

たとえば『広辞苑』では、「養う」の意味として以下が挙げられる。①子供を育てる。養育する。扶養する。②餌を与えて動物を育てる。飼う。③体力・気力がおとろえないように保つ。養生する。④だんだんに作りあげる。つちかう。⑤飲食する。⑥箸をとって子供などに飲食させる。この中の①、③、④の意味を拡大し、まとめて「よいことをする」とすることで、上述のような「養う」の拡張ができる。すなわち、通常の意味を拡張して、他者の生き方によい影響を与える、よい方向へみちびくというのは、養うことの一種といえるだろう。

養うことをする典型は親である。ところが、「親」という言葉も多義的である。「生みの親」と「育ての親」があるように、親子には血縁関係がなくてもよい。わざわざ血縁関係を示すために「**遺伝上の親**」という表現もあるほどである。一人の人に多くの親がいてもおかしくはない。また、「親会社」のように、会社にも親子関係がある。「親芋」のように、何かを生み出す元になるものも親と呼ばれる。このように

遺伝上の親：従来は、生みの親と育ての親の区別で足りていたが、第三者による精子提供や卵子提供による出産、また代理母出産の出現により、生みの親、育ての親とは別に遺伝上の親という概念が必要となった。代理母出産では、生みの親、育ての親、遺伝上の親がすべて異なる場合がある。

「親」は多義的である。そうであれば、養う者・養われる者の関係（略して「養い関係」と呼ぶ）を親子関係と呼ぶことは、多少の飛躍があるにしても許されるだろう。

養い関係が広義の「親子」関係を表すならば、死者と、その生によってよい影響を受ける者の関係は、養い関係であり、ある意味で、親子の関係である。災害死という形で終わった人々の生が、ある人に影響をおよぼし、その生きかたを変えたとすれば、彼らはその人の複数の親とみなせる。犠牲者の中に血縁関係の人がいないとしても、そのようにいえる。奇妙なことかもしれないが、「養う」、「親」の意味の拡張を行えばそうなる。さらにいえば、虐待や無視、過保護などの仕方で子を悪い方向に養いみちびく親もいるように、「養い」関係はネガティブな結果をもたらす場合にも使うことができる。

さらに考えてみよう。上で述べたことは、栄養となる多くの生き物と、彼らによって生命を維持してきたわれわれの関係とも類似している。われわれは生きるため彼らの命を奪ってきた。見方を変えれば、彼らは自らの身体を差し出すことで栄養となり、われわれを養ってきた。そのことを、少なくとも日本人は自覚してきた。たとえば、食物を摂取することに対して「いのちをいただく」という。食料となってきた家畜や魚を祀る供養塔や塚は全国各地に見られる。

このとき、生き物の命を犠牲にしてわれわれの生があることが自覚されている。

このように、栄養となった生き物たちは、われわれを養ってきた。ある意味で、親の役割を果たしてきた。養い関係は、直接に食料となった生き物にかぎられない。鯛はエビに養われ、エビはプランクトンに養われる。プランクトンは水中の栄養素に養われる。**食物連鎖**に対応する養い関係の連鎖がそこにある。

世々生々の父母兄弟

不思議な話と思うかもしれない。言葉の意味を拡張させて行うトリックのように思う人もいるだろう。だが、言葉遊びをしているわけではない。というのは、こう考えることで、少し見えてくることがあるからである。

仏典に現れる「一切の有情はみなもて、世々生々《せせしょうじょう》の父母《ぶも》兄弟なり」という言葉は、本来は輪廻を前提にしてはじめて理解できる。

経典のその文句は『**歎異抄**』にも引用されている。

親鸞は、父母の孝養《きょうよう》のためとて、一返にても念仏まふしたることいまださふらはず。そのゆへは、一切の有情はみなもて、世々生々の父母兄弟なり。いづれもいづれもこの順次生に仏になりてたすけさふらふべきなり。

（親鸞は、亡き父母の追善供養のためであるといって、念仏を称えたことは、かつ

食物連鎖：生物が生物群集内で捕食者・被食者の関係でつながっていること。現実には捕食者・被食者は複数種である場合が多く、捕食関係は複雑で網の目のようになる。その場合は食物網といわれることがある。

『**歎異抄**』：親鸞の語録。弟子唯円の編といわれる。親鸞生前の教えを記すとともに、親鸞没後に起きた異端的教説を批判した著作。「善人なをもちて往生をとぐ、いはんや悪人をや」などの親鸞思想の核心が説かれている。

て一度もない。そのわけは、すべての生きとし生ける者は、生まれかわり死にかわりして、父母となり兄弟となってきているから、父母といってもこの世の父母だけに限らない。だから、つぎの世には浄土に生まれてほとけとなって、それら輪廻の生存をくりかえしている人びとをすべて、浄土へ救いとるのである。）（早島鏡正『歎異抄を読む』講談社学術文庫、１９９２年、１０８頁。本文と現代語訳には改行があるが一段落にまとめた。）

「一切の有情はみなもて、世々生々の父母兄弟なり」は、「すべての生きとし生ける者は、生まれかわり死にかわりして、父母となり兄弟となってきているから、父母といってもこの世の父母だけに限らない」という現代語訳が示すように、本来、輪廻思想を前提する。過去の輪廻という不定に長い時間を設定することで、現在ただ今存在するものどうしが、いずれも過去からの浅からぬ因縁のもとにあることが示される。現在の時点に存在するものがすべて、親子兄弟関係という経歴を過去のいずれかの時点に持っただろうことが述べられている。生きとし生けるものは、このように不定に長い過去を設定することで、親子兄弟の経歴を持つことになる。

栄養となってきた生き物たちは、われわれを養い、ある意味で親の役割を果たしてきたと述べてきた。現に存在する生き物たちも、捕食関係の連鎖を通じてわれわれれの生命を支え養っている。この考えを用いて「一切の有情はみなもて、世々生々の父母兄弟なり」を、輪廻思想なしに解釈することができる。

ここで肝心なのは、「一切の有情はみなもて、世々生々の父母兄弟なり」に共感したり想像したりするよりも、その「論理」を知ることである。

そのことについては『歎異抄』での親鸞と弟子の唯円の対話が参考になる。あるとき唯円は親鸞に尋ねる。念仏を唱えれば浄土に生まれるはずで、本来喜ばしいことであるのに、幸福感が生じないのはどうしてでしょうかと。普通の師匠ならばここで、おまえの信心が足りないからだと叱咤するだろう。親鸞のすごいところは、実は私自身もそれについて悩んできたと述べるところにある。いくら念仏を唱えても幸福感がわかないのは、煩悩がそれほど強いからであり、それゆえ**他力**にすがるしかないのだと親鸞は諭す。

念仏まふしさふらへども、踊躍歓喜《ゆやくかんぎ》のこゝろおろそかにさふらふこと、またいそぎ浄土へまひりたきこゝろのさふらはぬは、いかにとさふらふべきことにてさふらうやらんと、まふしいれてさふらひしかば、親鸞もこの不審ありつるに、唯円房おなじこゝろにてありけり。よくよく案じみれば、天におどり地におどるほどによろこぶべきことを、よろこばぬにて、いよいよ往生は一定とおもひたまふべきなり。よろこぶ

他力：自分の力で修行して悟りを得る力としての自力に対して、仏・菩薩の加護の力のことをいう。浄土宗や浄土真宗では、阿弥陀仏が過去において立てた一切衆生を救うという誓願（本願）の力により往生する（極楽浄土に生まれる）とされる。

べきこゝろをおさへて、よろこばざるは煩悩の所為なり。（親鸞さま。わたしは、念仏を称えておりますものの、おどりあがって喜ぶほどのこころが、なかなか湧《わ》いてきません。また、急いでお浄土に参りたいと思うこころも起こりません。これは、なんとしたことでございましょうか。親鸞も、このことに不審を抱いて、悩んできたのだ。唯円房よ、やっぱりそなたも同じ気持ちでいると見えるな。よくよく考えてみると、天におどり地におどるほどに喜ぶべきことなのに、それを喜ばないのであるから、いよいよ、私が浄土に参らせていただくことは、間違いなくきまっている、と思われる。喜ぶべきこころを押さえて喜ばせないのは、わたしどものもっている煩悩のしわざであるのだ。）（同書、137－138頁。本文と現代語訳には改行があるが一段落にまとめた。）

ここでは別の読み方もできる。すなわち、信仰にとって本質的なのは、幸福感や充実感といった心理的ことがらではない。かくかくしかじかのことをすれば救われるという論理あるいはゆるがぬ筋道が肝心である。宗教的真理、あるいは宗教的因果関係は、心理的状態の如何にかかわらず厳然として成り立つ。そのことを『歎異抄』のその箇所は語っているとも読むことができる。心理ではなく、厳然たる理法がここにはある。それは、さきに『日本霊異記』に見た善悪の因果論と共通するものである。

これまで述べてきたことは、一見したほどには奇妙な議論ではない。というのは、人間と動植物の関係を「食べる・食べられる関係」と規定してみたが、それを食物連鎖や物質循環と考えれば、生態学においても述べられているからである。そして、生態学的つながりにまで話がおよべば、つながりは生きとし生けるもの、生物だけでなくなる。無生物である山、海、川、水、石、土、空気、酸素、窒素などともつながっているといえる。

震災犠牲者の生を意義あるものとする論理は、無生物にまで拡大できる。それは、生きとし生けるもののいのちのつながりを介して、震災で犠牲になった家畜、ペット、昆虫、魚、貝などの動物たち、野菜、松林、雑草、若布、藻などの植物をまきこむ。さらにはそれらを取り巻く無生物や海と陸の生態系にまでいたる。それにより、生態系の死や破壊は意義あるものとされる。いいかえれば、一切が荘厳されることになる。これは、アニミズム的自然観の残る日本では、けっして儚い幻想とはいえないだろう。

事実と行為を媒介する「恩」

上のような仕方で、生きとし生けるものとのつながりをみちびくさいのキーワードは「養う」という関係であった。これは「恩」ということを容易に連想させる。実際に、食料となって死んでいった生き物にわれわれは恩を負っている。彼らの犠牲の上にわれわれの生がある。それが前節での思考の基盤にある。

前節で述べたことが「恩」に深くかかわることは、仏教で説く「衆生の恩」からも知られる。「**四恩**」にはいくつかの説があるが、衆生の恩がその一つとされることがある。『望月仏教大辞典』（世界聖典刊行協会、１９７３年）の「四恩」の項には大乗本生心地観経第二を引いて次のようにある。

次に衆生の恩とは、一切の衆生は無始已来転じて百千劫を経たり、故に多生の中に於て互に父母となる。互に父母となるを以ての故に、一切の男子は即ち是れ慈父なり、一切の女人は即ち是れ悲母なり。昔の生生の中に大恩あるが故に、猶ほ現在の父母の恩の如く、等しくして差別なし。是の因縁を以て諸の衆生の類には、一切の時に於て亦是大恩あることを知るべし――（第２巻、１７２６頁）

すべての衆生（生きとし生けるもの）は、無始以来の気の遠くなるような長い期間を輪廻してきているので、いずれかの世で互いに父母となってきている。それゆえすべての男女には現在の父母に対するのと同じ恩があり、すべての衆生にも大恩

四恩：仏典に説く四種の恩。種類は経典により異なる。母の恩・父の恩・如来の恩・説法法師の恩。あるいは、父母の恩・衆生の恩・国王の恩・三宝（仏法僧）の恩。また、師長の恩・父母の恩・国王の恩・施主の恩。

がある。これは、さきに挙げた「一切の有情はみなもて、世々生々の父母兄弟なり」と同じ趣旨である。

それゆえ、「一切の有情はみなもて、世々生々の父母兄弟なり」にいたる筋道は、「養い関係」や「親」概念に訴えなくても、恩の概念でも可能だったといえる。

ここで、疑問が生じるかもしれない。養い関係や親概念、恩概念を云々する以前に、それらはそもそも不要ではないのか。なぜならば、生きとし生けるものとのつながりは、生態系におけるいっさいの生物の相互依存という事実から、容易にみちびけるのではないか。

一般に、事実から事実をみちびくことは難しくない。生態学的相互依存の事実から、生きとし生けるものとのつながりという事実をみちびくことは容易に思えるかもしれない。ところが、本章での「生きとし生けるものとのつながり」は、事実というよりも自然観、世界観である。つまり、思考や行動の枠組みであり、どのように行動すべきかにかかわっている。生態学的な相互依存の関係があることと、それにもとづく自然観、世界観、倫理的行為の規範を持つことは別である。生態学的事実ははるか昔から存在するが、その事実が存在しても、われわれの行動は影響を受けてこなかった。少なくとも、その事実を知らなければ行動の枠組みや原理にはならない。

ところが、現代のわれわれはその事実を知っているのではないか。それで十分ではないだろうか。しかし、事実を知るだけで行為にいたるとはかぎらない。事実をどうとらえるかが重要となる。

恩は、事実と行為を媒介できる。たとえば、環境倫理の祖として注目された**レオポルド**の「土地倫理」は、事実から倫理規則をみちびいているように見えるが、そうではない。そこには恩の介在があると解釈できる。

レオポルドは、倫理の3段階を主張する。第1段階は、個人対個人の段階で、「殺すなかれ」、「うそをつくなかれ」が典型的な倫理規則である。第2段階は個人対社会の段階である。「人からしてほしいことをなせ」が倫理規則の典型である。そして、彼は新たに第3段階として、人間対土地（生態系）また土地に生息する動植物の段階を提示する。この段階では「生態系の統合、安定性、美を保つことをなせ」が倫理規則である。ちなみに、レオポルドによれば、悪とは秩序破綻のことである。

これらの根底にある考えは次のごとくである。（1）人間は他の個人なくして生存できないゆえ、個人への義務が生じる。（2）人間は社会なくして生存できないゆえ、社会への義務が生じる。（3）人間は生態系なしに生存できないゆえ、生態系・土地への義務が生じる。

ここでは、たんに事実が述べられているのではない。人間が生存するための条件、

A・レオポルド：アメリカの生態学者・森林学者。1887－1948。1949年公刊の『野生のうたが聞こえる』で、倫理の第3段階として生態系を中心とした「土地倫理」を提唱。環境倫理の誕生や原生自然保護運動に大きな影響を与えた。

いわば恩が述べられている。こうした立場は、生存の条件となるものに倫理的に配慮するものだが、恩を知ることによる倫理と解釈できる。たんなる事実を知っても倫理的義務や規範が生じるわけではない。しかし、恩を受けているという仕方で事実を知ることで、何らかの仕方で恩を返すという義務や義務感が生じ、行為へといたるのである。

恩概念の脱色

「恩」と聞くと抵抗を感じる人がいるかもしれない。たしかに、恩という考えには封建的な色彩が目につく。

たとえば、第二次大戦中の日本研究をもとに1946年に出版された**ルース・ベネディクト**の『菊と刀』でも、恩の持つ封建的性質が強調される。また、「イデオロギーとしての「孝」」において、法学者の川島武宜は、恩の関係は本来的に上から下への恵みを要素とするため、恩の恵みはいくら返しても返せないほど無限なものであると述べる。さらに、恩は一方に、恩をすでに与えて権利のみを持つ者と、他方に、義務のみを負う者という封建的主従の人身的関係をつくるという（『イデオロギーとしての家族制度』岩波書店、1973年、第2章）。

そのような封建的関係がうすれている現代では、日本的恩概念の持つ封建性を脱

R・ベネディクト：アメリカの文化人類学者。1887–1948。各文化には固有の型があるという文化類型論、および文化相対主義の立場をとる。『菊と刀』は米軍の依頼により文化相対主義にもとづいて行った日本文化の型の研究の成果で、戦後の日本文化研究の基礎となった。

色することも可能だろう。脱色して、倫理的に有効な概念として再生することを、以下では試みよう。それは恩の論理の考察といえる。

まず、『日本国語大辞典』の「恩」の項目には次のようにある。①目上の人から受ける感謝すべき行為。めぐみ。なさけ。いつくしみ。②封建時代、主人への奉公に対する給付として所領などを得ること。御恩。③給与。手当て。扶持。

『広辞苑』では、より簡単に次のようにある。「君主・親などの、めぐみ。いつくしみ。仏教では四恩をたてる。」

封建的色彩を脱色して中立化するため、以上の意味の中から、「めぐみ」、「いつくしみ」を抽出してみたい。これは、主従関係を脱色するとともに、「恩」と負担、負い目を区別する立場に立つ。

ルース・ベネディクトは前掲書で、恩はobligation（義務）、loyalty（忠誠）、kindness（親切）、love（愛）などと英訳されることがあるが、いずれも的確な訳ではないとする。たとえば、「子供に対する恩」とはいわないが、恩が「義務」や「愛」ならばそういえるはずである。そこから、次のように結論づける。「「恩」にはいろいろな用法があるが、それらの用法の全部に通じる意味は、人ができるだけの力を出して背負う負担、債務、重荷である。」（１２３頁）。

仏教学者の**中村元**は「「恩」の思想」において、「恩」の原義を仏教以前にさかのの

中村元：インド哲学者・仏教学者。１９１２‐１９９９。仏教思想にとどまらず西洋哲学にも深い知識を持ち、東西の思想の融合をめざす。仏教学における国際的権威として知られた。代表作『初期ヴェーダンタ哲学史』、『比較思想論』、『佛教語大辞典』。

ぼって考察している。それによれば、恩とは次のような意味を持つ。①愛。②他人を恵み、いつくしみ、おもいやること。③他人から受けた恩恵（『仏教思想4　恩』仏教思想研究会編、平楽寺書店、1979年、4－5頁）。

ここには義務という意味はみあたらない。儒教研究で知られる加地伸行「**中江藤樹**の孝」でも「以上のような用例を通じてみると、「恩」には、「恩愛」という、愛情という概念が貫流している」とある（『史学雑誌』85巻6号、1976年、49頁）。脱色された恩概念では、恩と負担を別のものとする。また、それは愛や親切に近い概念となる。主従関係を考慮しないので、「子供に対する恩」もありうることになる。

すると、次のようにいえるだろう。恩とはめぐみである。そして、恩を与える、恩を受けるというのは事実である。恩はめぐみであるが、それを知ることで報恩の行為へいたるようなめぐみである。「恩知らず」とあるように、意識的にか無意識にか、恩を知らない場合もあるし、忘れる場合もある。恩をずっと知らないで終わる場合もある。恩を受けることと、そのことを知ることは別である。

恩を知るとは、ありがたさがはっきりとわかることである。漠然と何かを感じるのではない。恩を知ることで何をすべきかもわかる。順番からいえば、恩を知ることで、ありがたさを感じるようになるし、義務感が生じる。

中江藤樹：江戸初期の儒学者。1608－1648。日本の陽明学派の祖。初め朱子学を修め、伊予の大洲藩に仕え、のち故郷に帰り近江聖人と呼ばれる。万物の根源を考とし、それがあらゆる人に内在すると説く。代表作『孝経啓蒙』、『翁問答』、『鑑草』。

恩とよく似た言葉に「負い目」がある。こちらは、それ自体で拘束力を持つ。Aさんには負い目があるならば、Aさんは負い目を解消する何かをしなければならない。ところが、恩はそうではない。Aさんがある恩を受けていても、そのことを知らないかぎり、恩を返すことをしない。負い目は定義上、返すべきものとしてあるが、恩は本来「めぐみ」「いつくしみ」であり、その存在を知らないかぎり報いることもない。恩を知った時点で、一種の負い目として感じることになる。

恩を知ることで、めぐみを受けたありがたさを感じる。だから、恩には「知る」という能動性が求められる。恩は、それを知ること、気づくことによって、その人の生き方が大きく変わりうる。こうした特徴が、**恩を知る**ことを道徳の重要原理にするといえる。

これは、ただ恩を感じることでは果たされない。恩を受けているということを漠然と感じることはできても、恩について、その内実、恩の施し手、施し方、施す理由などは感じることができない。それらは恩を知ることによって理解される。そして、そのようなことを知ることは、知った人の生き方を変える力を持つことになる。

恩は人間存在の在り方にもかかわる。すなわち、他者とのつながり以前にある自律的存在というよりも、「恩恵によって生かされている存在」という視点がここにある。

恩を知る：封建制のもとでは恩を知ることは当然のことであったが、現代のように封建制のシステムが崩壊した時代では、恩を知ることは能動的な行為となる。また恩を知ることは自己の存在を支えるものに思いを致すことであり、それにより生き方が変わる。ここでの知は、恩の存在という事実と義務・責任とを媒介している。

以上のように、恩恵によって生かされているが、そのことを知ることで積極的に生き方を変えうる存在であるという人間の存在論と道徳の原理を、恩の思想は含んでいる。

恩にもとづく倫理

恩の思想では、種々の意味でわが身を生み養ってきた存在への恩が、倫理的行為の基盤にある。さきに言及したヨナスの「乳飲み子の倫理」（『責任という原理』）は、母親と乳飲み子の関係を典型としている。そして、養う責任、保護する責任、ケアする責任を倫理の基盤とする。それに対して、恩の思想は、養ってもらった恩を知ることにもとづく倫理である。恩を知り、恩に報いるという倫理である。

このような私の説の最終的基盤にあるのは、すべての存在はすべての存在のおかげで存在しているということである。これは生態学的事実とも両立する。ただし、実際に恩を感じてそれに反応する主体は、おそらく人間だけだろう。また、そうした反応が向かう対象もたいていは限定される。たとえば、われわれはうっとうしい天気に恩は感じないが、爽快な晴天には恩を感じるかもしれない。また、ふつうは見ず知らずの人に起きる出来事に恩を感じたりしない。しかし、震災の犠牲者に恩や負い目を感じ、その生の意義の高揚を意図することがある。

「誰々の死を無駄にしない」というとき、ふつうは同朋としての誰々を問題にしている。相互に助け合う仲間、たがいに恩を感じるべき存在としての同胞が意識されている。それでも、報恩の対象は、広がれば人間を越えて生物や生態系にまでいたりうる。このように、恩を感じる対象は一般にはさまざまな仕方で限定されているにしても、だれでも親子兄弟関係になる可能性がある。そして、そのことは、すべての存在はすべての存在のおかげで存在しているという普遍的な相互関係を基盤にしてはじめて成立する。

ここで、恩をキーワードとする意味について考えてみる。第3章では、神を祀ることとケアの類似性にもとづくケアの理論について検討した。そのさい、ケアする人が、相手の要求をとらえ、共感し熟考して、相手から受容される最適な支援をすることで、本来のケアが成り立つと述べた。そこで登場するのは、ケアする人とされる相手であった。両者とも、人間関係やさまざまな脈絡のなかにあり、弱さや傷つきやすさを持った存在であった。また、秩序の形成・維持・回復を求める存在でもあった。

恩という概念によって本章で開いた地平とは、ケアする側もされる側も含めて、人間どうし、さらには、生きとし生けるものどうしが、どのような関係にあるかということにかかわる。話を人間に限定してみよう。人はそもそもどのような存在なのか。その問いに、親の恩、人々の恩、また、生物や非生物の恩を受けて生きている存在であることを、恩概念は明らかにする。それと同時に、恩を知ることが行為や倫理規範にいたることも述べたのであった。それは、ケアする人、される人の存在の仕方や存在する条件の探究であり、かつ、倫理の探究でもあるといえる。われわれの生存の条件として、過去世代にたいする恩も挙げることができる。過去の人々なしに現在はないからである。これについては次章で論じてみたい。

報恩について重要なことがある。たとえば、亡き親の恩、食料としてわれわれを養ってきた動植物の恩について語るとしよう。そのとき、恩に報いるとはどのようなことだろうか。親の霊、動植物の霊の存続を仮定すれば話は早い。それを仮定しない場合、まず考えられるのは、今は亡きものの代理として誰かに報いることである。次章でとりあげるアメリカの倫理学者**シュレーダー＝フレチェット**の立場はこれである。ところで代理人を立てることがなぜ報恩となるのか。そのことを掘り下げていくと、代理人を立てて実質的な恩返しをすることで、恩を与えた側にケンブリッジ変化が生じると考えることができる。その種の行為によって、すでに存在しないものにケンブリッジ変化が生じるのである。第4章では、災害犠牲者の生の意義について論じたが、それも恩という概念によってとらえなおすことができる。犠牲者の存在によって生き方を変えることができたというとき、そこには恩の自覚が

K・シュレーダー＝フレチェット：アメリカの哲学者。リスク評価、医療、環境正義などにおける倫理的問題の解明に取り組み、著作・論文は10ヵ国以上の言語に翻訳されている。国連やWHOなどのアドバイザーも務める。日本では世代間倫理論で知られる。

ある。ケンブリッジ変化と恩概念は、このようにきわめて近い関係にある。

それでは、恩を知ることにもとづく倫理とは具体的にはどのようなものだろうか。考えてみよう。恩を知ることで養い関係を自覚し、生きとし生けるもの、さらには生態系とのつながりがとらえられた。そこから、アメリカの環境倫理学者**テイラー**の**生命中心主義**やレオポルドの土地倫理へ向かう道も考えられる。生物や生態系を従来よりも重視し、人間の活動を大幅に制限する立場である。しかし、恩を知ることによる倫理ということで私が考えているのは、生命や生態系を中心にする倫理ではなく、人間を中心とする立場である。

それは、動植物の無益な殺生を排することを前提にするが、動植物を食べざるをえないことにもとづく。生きとし生けるものとのつながりの自覚から、菜食主義をみちびくのではない。生きるためには、生きとし生けるものを食べざるを得ないという根本的ジレンマの中で、死を無駄にしない生き方をする、死者の生の意義を高めるように生きることに主眼がある。

養い関係、恩の自覚は、人間を道学者にしてしまいがちである。しかし、災害をつねに自覚すべき「共災の時代」においてはもっと自然的、野性的生き方が求められる。生きとし生けるものはつながっているが、基本にあるのは捕食関係である。私はよく魚を釣る。子供にも孫にも釣りを教えた。釣った魚は自分でさばく。そし

P・W・テイラー：アメリカの環境倫理学者。著作『自然の尊重』で知られる。生命中心主義の立場を提唱。同書では「基礎的ニーズ」と「派生的ニーズ」の概念を用いて、生命中心主義と従来の倫理との調停を図っている。

生命中心主義：従来の人間を中心とする倫理に代えて、生きとし生けるものの生きる権利を中心とする倫理。人間は自然界の一員にすぎないとする。人間非中心主義の立場の一つ。P・W・テイラーの『自然の尊重』が有名。

て必ず食べることにしている。キャッチ・アンド・リリースでは、人間も魚も補食関係の中にあるという事実が隠されてしまう。釣った小ぶりのハマチの腹を裂くと、アジが何尾も入っている。そのアジの腹には小エビが詰まっている。そのようなときはたいてい孫を呼び、命の連鎖を見せることにしている。孫は「すごーい」と感動する。

必要とされるのは、自然からの恵みと恩の自覚にもとづく自然への感謝や畏敬だけではない。猛威を振るう自然に対応できる人間の強さ・意気も不可欠である。たとえば、釣りをする、狩猟する、食物採集をする、うまいものを感謝して食べる、といった命のやり取り、また、恋をする、子孫を残すといった生物の持つ本能、自然性の肯定である。

自然の営みと人間の内なる自然性の肯定は、自然の持つ猛威と恵みの両方を自覚させる。猛威も恵みも自然と深く接しないとわからない。恩を感じるためには、深く対象とかかわる必要がある。人間と自然の共生の夢に浸るのではなく、荒々しい自然に向かう意気が必要である。共災の時代に必要な野太い倫理とは、自然性を肯定した生き方をするところに生じるジレンマを生きること自体を、さらに肯定する倫理といえる。

キャッチ・アンド・リリース：釣り人が、釣り上げた魚をすぐ水中に戻すこと。無益な殺生を避け、生物資源保護にもつながるとして推奨されることもあるが、魚は傷つき人間は楽しむだけであり、人間に都合のよい理屈である。殺生の意味を知ることを避け、たんなるゲームとして釣りをするのであれば、精巧なゲーム機で遊ぶ方がよいだろう。

第6章

将来世代との対話

曾祖母、祖母、母、娘という時間の流れ（田中朋弘氏提供）

将来世代論の二つのネック

将来世代論では、将来世代への責任が議論の中心である。将来世代、それは子や孫も含むし、100年後、1000年後、さらにそのさきの人々も含む。放射性廃棄物の問題は、途方もない将来と現在の分かちがたい結びつきについて教える。

たとえば、使用済み核燃料に含まれるプルトニウムの半減期は約2万4千年、放射能が生物にとって安全なレベルに達するには、およそ10万年という気の遠くなる年月を要するといわれる。フィンランドでは「**オンカロ**」と呼ばれる地下数百メートルの貯蔵施設に、放射性廃棄物を埋設する計画という。地震の多い日本のような国では、この方式の危険性が指摘されている。地震がない場所でも、地下水へ放射性物質が浸透することがありうる。何が起きるか予断の許さない状況下で、将来の科学技術の進歩に期待しながら待つことになる。将来世代への責任を、遠い将来世代にまで負わせることになる。それは、これからの将来世代にとっても大きな負担でありつづける。

将来世代への責任論にはいくつかのネックがある。まず、責任の理論的根拠が曖昧である。ふつうは、過去の行為に対して責任をとる。たとえば、約束をやぶる行為をしたことに責任をとる。ところが、将来世代への責任は、ヨナスもいうように、

オンカロ：フィンランド国内の核廃棄物の長期貯蔵施設。「洞穴」を意味する。オルキルオト原子力発電所の近くの花崗岩の岩盤に建設。使用済み燃料のカプセル化と埋葬は2020年に開始予定。100年分の容器の受け入れが可能とされる。

過去ではなく未来を向いた責任である。現在の行為が将来におよぼす影響を考えて、現在の行為を抑制したり推奨したりする責任である。化石燃料の枯渇という結果を考慮して、電力消費を抑制したり、再生可能エネルギーの開発に努めることは、それに当たる。原発を廃止すべきかどうかも、将来世代への責任にかかわる大きな問題の一つである。

その責任の理論的根拠について、**パスモア**の『自然に対する人間の責任』を見てみよう。パスモアのこの著作は1974年という、環境倫理学が登場するころに刊行された。哲学者としての冷静な分析が随所に見られ、今でも重要性を失っていない。パスモアは以下のように述べる。

> 将来の人々のもつ運命そのもの——かれらの子ども、かれらの名声、かれらの財産とは区別されたものとして——に人間は関心をもつべきだとする見解はとくに西欧的なものであり、ここ2世紀だけの特徴でもある。それは世界の本性、世界のなかの人間の位置、人間の能力に関する独自の近代的見解から生じている。(『自然に対する人間の責任』間瀬啓允訳、岩波現代選書、1979年、133頁)

それ以前の、たとえばキリスト教のマタイ福音書には「だから、あすのことを思

J・パスモア：オーストラリアの哲学者。1914－2004。哲学的問題の解明にあたり概念の歴史に着目。『自然に対する人間の責任』(1974年)では、西洋的な科学的合理主義を維持しつつ自然への態度を変更するという人間中心主義の立場を表明。

いわずらうな。あすのことは、あす自身が思いわずらうであろう。一日の苦労は、その日一日だけで十分である」とある。同様に、16世紀末に活躍した**ベーコン**も次のようにいう。「ひとは、現在正しくあるところのことを追求し、未来は神の摂理にゆだねなければならない。」

パスモアはつづける。これとは対極にあるのが進歩主義である。近代の思想はおおむね進歩主義を標榜していた。**マルクス主義**も例外ではなかった。未来は神の摂理にもとづくという立場と進歩主義の立場は大きく異なるが、共通点を持つ。どちらの立場でも、将来への不安はいだかれないのである。それゆえ、将来世代への責任や義務を議論する必要がない。

将来世代への義務や責任が本格的に論じられるようになるのは、まず、哲学的には、未来が人間の手中にあるという人間観、世界観が主流になることを要する。パスモアが「ここ2世紀」と呼ぶ時代がこれに当たる。しかし、それとともに、環境汚染やエネルギー枯渇、人口膨張などの問題が顕著になる状況を必要とする。その象徴的出来事は、「**ローマクラブ**」が1972年に提出した報告書『成長の限界』である。それは、地球の資源やキャパシティの有限性を訴えた。現在のままで環境破壊や人口増加が続けば、地球はあと100年で成長の限界に達するというショッキングな内容だった。

F・ベーコン：イギリスの政治家・哲学者。1561－1626。科学的方法にもとづく経験論の先駆者。先入見と謬見という偶像（イドラ）を捨て、経験にもとづいて自然を認識し支配することを学問の最高課題とした。代表作『学問の進歩』、『新オルガノン』。

マルクス主義：K・マルクス（1818－1883）とF・エンゲルス（1820－1895）によって確立された思想。哲学的基礎として弁証法的唯物論、社会を把握する史的唯物論、経済学説としての資本論を中核とする。社会主義・共産主義社会の到来を歴史的必然とする。

ローマクラブ：資源・人口・軍拡・経済・環境破壊などの全地球的規模の問題に対処するために設立された民間のシンクタンク。1972年の第1報告書『成長の限界』は、このままでは資源枯渇や環境汚染により21世紀前半に破局が訪れると警告。これにより環境問題が世界中に知られることとなる。

パスモアは、将来世代への責任の理論的根拠として、そのような義務や責任が端的にあるという「義務論」、最大多数の最大幸福の原理による「功利主義」、**ロールズ**の「**正義論**」、また、子や孫への愛の連鎖にもとづく「愛の連鎖論」を挙げる。

これについての彼の基本的立場は二つある。一つは、そのような理論は結局、子や孫の世代を越えた将来世代論にはなりえないということである。それを越えると、義務や責任、あるいは功利の原理にしたがっていながら、結果として将来に対して害をなすことがありうるからである。将来は不確実性に満ちているのである。正義論については後に考察するとして、愛の連鎖も孫の代を越えることはできないだろう。

もうひとつは、それと関係するが、社会や生態系は人知を超える複雑さを持っており、意図したことと別の結果がしばしば生じるということである。人間が将来を左右できるという傲慢への厳しい姿勢がここにある。

将来世代論のネックの一つ目は、責任の理論的根拠の曖昧さだった。二つ目は、パスモアのその考えと強く結びついている。すなわち、将来世代の政治的、経済的状況、科学の進展度合い、および彼らの価値観、幸福感を予測するのが困難なことである。

これは、将来世代の持つ要求を知らずに将来世代に配慮せざるをえないという帰

J・ロールズ：アメリカの政治哲学者。１９２１－２００２。平等な自由の実現を正義とし、正義の実現される社会の基本構造を、無知のヴェールを被った人々による合意形成という公正な方法で構想。代表作『正義論』。

『**正義論**』：ロールズが１９７１年に公刊。功利主義を批判し社会契約説を現代的に再構成した「公正としての正義」を提唱。（１）平等な自由の原理、（2a）公正な機会均等の原理、（2b）格差原理（最も不遇な人々の境遇を改善する原理）が、無知のヴェールのもとで合意される。

結を生む。たとえば、100年後の人々が何を価値あることと考えるかわからないまま、美しい自然や社会の仕組みを存続させるとする。ところが、100年後に、人々は現在とはまったく異なる価値観を持っているかもしれない。自然よりも虚構の世界に感動を見いだしているかもしれない。ただし、子や孫の代への責任の話ならば、そうした困難は小さい。子や孫の世代と話し合うことは可能だし、子や孫への責任ならば自然の情にもかなっている。だが、孫の代を越えると、「将来世代のためになるよう配慮する」という、原理的抽象的な配慮にすぎなくなってしまう。

過去世代との対話

ここで発想を変えてみたい。現在世代が将来世代について配慮するという、いわば一方的な関係ではなく、将来世代との対話を基盤にすることはできないだろうか。これに対しては、ただちに批判が寄せられる。同時代を生きる子や孫ならば対話が可能だが、そうではない未来の人々とどのようにして対話するというのか。

その反論に応えるために、まずは別の問いを出すことにしよう。すなわち、将来世代ではなく、過去の人々との対話は可能だろうか。過去の人々はすでに存在しないので、対話など不可能という人もいるだろう。本当にそうだろうか。たとえば、私の知人は、ソクラテスを研究しつつソクラテスと対話していると語っていた。

ソクラテスを研究することで、ソクラテスに対する新しい解釈や評価がつけ加わる。それによって、ソクラテスはケンブリッジ変化をこうむる。ここでのケンブリッジ変化は、ソクラテスにとって意味のある変化だと思われる。彼を解釈し評価することは、資料を頼りに、何度も試行錯誤しながら、その言動の意味を明確にする、彼の人となりを理解する、彼の意図したことを読み取るといったことを含む。このとき、ソクラテスという人の生を解釈することで、いわば彼の生の未完部分を補完しているといえるだろう。

ソクラテスの言動から推測すると、彼はおそらく後の世の人、つまり将来世代を意識していた。すなわち、後の世での解釈を意識した人がいる。そして、その解釈を試行錯誤しつつ、その人の死後に行う人がいる。彼はすでに存在しないが、ここにはある種の対話がある。それはこういうことである。ソクラテスと後の時代の人の間に共通のテーマがあり、しかも両者ともそのことを意識している。さらには、そのテーマについて掘り下げることが行われている。よって、ここにはある種の対話があるといえる。

上で述べたように、現在世代から将来世代への原理的抽象的配慮や責任は遠くまでおよぶ。それに対して具体的配慮は、せいぜい、子や孫の代までである。ところが、ソクラテスの例からわかるように、現在世代から過去世代への具体的配慮や思考は、はるか遠い過去までおよびうる。そして、そこにはある種の対話が可能である。つまり過去の世代との対話は可能である。いまは存在しない人との対話が可能だとすれば、それと類比的に、将来世代との対話も構想できないだろうか。

将来世代論と恩

私はそうした構想を「恩」の概念をキーワードにして述べてみたい。将来世代論と恩の思想の関係については、日本語訳がある関係でシュレーダー＝フレチェットの説がよく知られている。シュレーダー＝フレチェットは、ロールズが『正義論』で公正な正義の原理をみちびくために提示した**社会契約の説**を、将来世代論にも適用しようとする。

そこでまず、ロールズ自身が『正義論』でとった立場について触れておこう。正義の原理、国の骨格をなす原理について話し合う人々は、自分自身の能力、家柄、富裕度、健康状態などにとらわれた判断をしてはならない。たとえば、自分の努力と能力で富や地位を得た人は、所得税や相続税が低く社会保障を軽視する社会を支持する傾向にある。貧しい生活をおくる人は、おそらくその逆の社会を理想とするだろう。このように、人は自分の状況に合わせて、本来あるべき社会を思い描きがちである。

社会契約説：17、18世紀に西欧で有力だった国家の起源にかんする理論。人類は最初は法律も政治もない自然状態の中で生活していたが、自己の生命・自由・財産を守るために、個人の持つ権利を抑制して、主権者を立てることを契約することで国家が成立するという説。

国の骨格をなす原理について討議する場合、できるだけそのようなことがないようにしなければならない。個人に由来するそうした偏見を除くための仕掛けが考案される。すなわち、彼らは「無知のヴェール」の想定、つまり自分のおかれた境遇や能力について知らないという想定のもとにおかれる。それによって、特定の能力や出自、富裕度、健康状態などの影響を受けない公正な仕方で、正義の原理がみちびきだされることになる。

将来世代についても同様に論じられる。無知のヴェールの想定は、だれがどの世代に属するか知らないという想定とされる。このもとで、より身近な子孫を大事に思う集団（家系）を代表する人が、先行するすべての世代が従ってきたとみなされる、後続する世代への貯蓄率について合意する。貯蓄率とは、将来世代のために現在世代が我慢し抑制する仕方のことである。

ここでは「より身近な子孫を大事に思う」ことが強調される。それぞれの世代で、子や孫を大事に思う人が一堂に会して、将来世代への貯蓄の仕方について合意するのである。また、将来世代の持つ価値観は不可知とはされない。すべての社会がめざす公正な状態があることが前提されている。

この議論では重要な問題点がするりと抜けおちている。ひとつは、子や孫を越えた将来世代への責任の問題であるが、ここでは子や孫を越えないと想定される。また、将来世代の価値観についても、すべての社会がめざす公正な状態があらかじめ想定されている。将来世代論に伴う困難は、はじめから回避されているのである。

ロールズの立場は恩と報恩の関係に依拠している。それは、シュレーダー＝フレチェットの次の文章に端的に表現される。

世代間の相互性のこの特殊な概念は、「恩」という日本語の概念によってもっとはっきり定式化されてきたように思う。この概念の意味は「義務」（obligation）という西洋の概念と近い。ある著者は、恩について議論しつつ、次のように述べた。「ひとは、等しくよい、あるいはよりよい」ものを子孫に「与えることによって昔の恩を」そのひとの先祖に「返すのである」。したがって、過去の世代に対して有している義務は、未来の世代に対する「恩に包摂されるにすぎない」。換言すると、未来の人々は、われわれが恩義を感じている過去の人々の代理人と考えられるようだ。われわれはこの負債を、われわれの先祖がわれわれのためにしてくれたことをわれわれの子孫のためにすることによって、返済するわけだ。（シュレーダー＝フレチェット編『環境の倫理　上』京都生命倫理研究会訳、晃洋書房、1993年、126頁）

シュレーダー＝フレチェットが引用している文は、**カラハン**の論文からの孫引き

D・カラハン：アメリカの哲学者。1930－。誕生から死に至る幅広い領域をカバーする医療倫理学の研究で知られる。生命倫理研究所へイスティングス・センターの名誉会長。

で、その元はベネディクトの『菊と刀』の一節である。シュレーダー＝フレチェットは引用するに当たり、「先祖」、「子孫」という言葉で補っているが、実際にベネディクトが使っているのは「両親」と「子供たち」である。つまり、これはたんなる孫引きではない。将来世代論として展開しようとする立場が表れている。

カラハンも、過去と将来は両親と子供たちに限定されないという立場をとるとともに、恩の立場からの議論を次のように展開する。

> われわれが存在すること自体、われわれを生んだ両親のおかげであるし、われわれが生まれた社会のおかげである。社会なしでは、われわれは生まれたとしても（両親だけでは不十分であり）生き続けることはできないからである。（中略）そもそもわれわれが過去に負っているかどうかの問いを発することが可能なのは、（両親と社会に具現化された）過去が、われわれを存在させ存続させるという義務を引き受けたからにほかならない。われわれは自らの生を価値あるものとみなすとき、その生を可能にしたものを価値あるものとみなすとともに、それらに対してある種の義務を感じなければならない。（Daniel Callahan, "What Obligations Do We Have to Future Generations?", in E. Partridge (ed.), *Responsibilities To Future Generations*, Prometheus Books, 1981, p.77）

カラハンはさらに、過去への義務から将来への義務が生じると述べる。将来世代への義務として、過去によって与えられたものである生と生存の可能性への義務、また、われわれの生を阻害する状態の改善義務を挙げる。また、将来世代の価値観を知りえないとしても、彼らにとって害となることを回避する義務があるとして、放射能汚染、環境破壊、人口膨張などの回避を挙げている。

将来世代との対話

ここにある「恩」にもとづく将来世代の義務は、過去への恩を過去の代理人としての将来に返すという構造を持つ。すなわち、それぞれの世代は、以前の世代から受けたと同様の恩恵を将来の世代に施す義務があるという構造である。その場合、過去と将来がどれほどの幅を持つかについては論者により異なる。それを広く解するとすれば、過去の世代を親の世代にかぎる必要はないし、将来世代も子や孫にかぎられない。このような立場では、過去から現在、将来へとつづく恩と報恩の連鎖が語られる。だが、現在と過去世代、そして現在と将来世代との関係は、一方向的なものにとどまっている。

ところで、過去世代からの恩を恩と自覚するには、何が必要だろうか。単に過去世代がわれわれを生み育てたという事実だけでは不十分である。事実だけでなく、いかなる恩が存在したかを知らなければならない。それを知るためには、過去世代が現在世代に対して行ってきたことや、現在への影響についての知識や解釈が必要となる。

そこには、さきほど述べたソクラテスの場合のように、ある種の対話が存在する。その種の対話はわれわれと、亡くなった両親、その先祖、歴史上名を残した人々との間にとどまらない。また、過去世代の人々は、その当時を歴史の中に位置づけ、自分たちが行っていることが将来いかなる結果をおよぼすか考慮したことがあるだろう。そのようなことを探ることは、過去世代による恩を理解することの実質をなす。つまり、恩と報恩の連鎖においても、過去との対話が存在する。同様のことは将来世代についてもいえるのではないか。

現在世代と過去との対話は、親世代やそれ以前の世代の生き方を解釈することから成ると述べた。それと同様のことは将来世代においても生じる。つまり、まず間違いなく、将来においても過去とのある種の対話が生じる。その過去の一つに現在のわれわれの世代がある。われわれが過去の世代とある種の対話を行えるのであれば、同様に、将来世代はわれわれを含む過去世代とある種の対話を行うことができる。一般に、ＡとＢが対話するとき、ＢとＡは対話している。このことを今の場合に適用してみよう。将来世代はわれわれを含む過去世代とある種の対話を行う。

よって、われわれは将来世代とある種の対話をする。このようにいえるだろう。将来世代への責任や義務の根拠の一つは、恩の自覚とそれにもとづく報恩である。その点で上の考えはカラハンと同様である。しかし、過去、現在、将来の世代間の連鎖は、恩と報恩を基軸にしつつも、一方向的ではなく双方向的、対話的である。

対話的であることとの一つの意義は、将来世代への義務や責任について論じる際に当然とされる考えの再考につながる点にある。それは、現在世代が将来世代に対して行った悪や罪を将来世代は罰することができないという考えである。

応用倫理学を日本に根づかせた第一人者である加藤尚武は『現代倫理学入門』(講談社学術文庫、1997年)でこう書いている。

現在の世代が未来の世代の生存のために、環境と資源の保護という義務を負うとしよう。現在の地球人と未来の地球人との間には、相互的な関係はない。未来の世代は否応なしに、劣化した環境と資源をバトンタッチされる。未来世代はどんなにひどい仕打ちを現在世代から受けても、文句も言えない。(中略)未来の世代を被害者とするような犯罪は、現在のわれわれの文化の使っている倫理システムではチェックできない。(204-205頁)

応用倫理学:現代の科学技術や医療の発展、環境破壊の深刻化、情報社会の進展、消費者の権利の要求など新しい問題に対応するために、1970年ころから登場してきた倫理学。生命倫理、環境倫理、情報倫理、ビジネス倫理、工学倫理、脳神経倫理など。

世代間に対話を認めるとどうなるだろうか。われわれが将来世代に対して行った悪に対して、将来世代はわれわれを相手にして、その基本的姿勢や原則の不十分さを語ることになる。そのときに現在世代が存在していなくても、現在世代の生の意義は貶められる。それは、死者が死後に不名誉を帰せられるのと同じである。

先述のように、自己実現や連帯、健康、富、安全といったよいことは、他者にそのような影響を与えた側の生の意義を高める。逆に、それらに反する影響を与えた場合、その生の意義はそこなわれる。生の意義の変化自体は、他者からの批評なしでも生じうる。しかし、将来世代への悪は、間違いなく、将来世代による現在世代への批判を生むだろう。

ここにあるのは、われわれの世代がこうむるケンブリッジ変化である。そして、その変化はわれわれの世代の存在意義にかかわるものである。その意味で、ここには、われわれに対する将来世代による罰が存在するといえる。すると、「義務とその違反への罰」という関係が曲がりなりにも成立することになる。

以上、恩と報恩を軸にして、双方向的な過去、現在、将来の世代間の対話を伴う連鎖という考えを述べた。これは、新しい説の提唱というよりもむしろ、これまで人間が行ってきたことをとらえなおしたものである。その意味で、過去世代や将来世代の間のやりとりが「対話」と呼べるかには疑問が呈されるとしても、その主張は大きく間違っていないだろう。

しかし、そうなると別の問いが生じてくる。すなわち、それがこれまで暗黙のうちにしてきたことの解釈ならば、1970年代から主張されてきている将来世代への義務・責任は、新しいことではなくなるだろうか。つまり、現在われわれが将来世代への責任ということで考えていることは従来と同じことであり、その解釈だけが異なるのだろうか。そうではないと思う。

20世紀後半に登場した将来世代への責任や義務は、これまでにない新しい倫理原則である。それは、一つには、将来世代への責任は一家の長や政治家など特定の人ではなく、今や全人類が自覚すべき倫理原則である点にある。次に、それは時間的には子や孫の世代を超えて100年、200年先までおよぶ。半減期が2万4千年であるプルトニウムの汚染などを考えれば、10万年の範囲におよぶ。プルトニウムの問題は**高速増殖炉**や**加速器駆動未臨界炉**の開発によって解決されるかもしれないが、まだ実験段階にとどまっている。そしてさらに、将来世代への責任は、空間的にも、自分の家族、地域、国家を超えて、全人類の将来を対象としている。このような点で、それは従来にない新しい倫理原則といえる。

このような意味での将来世代への責任を自覚したことに、現代という時代の特徴がある。そこには、地球規模での環境汚染、エネルギー枯渇、人口膨張といった、

高速増殖炉：核分裂性の原子核が1個消費されるごとに、親物質から新しく転換されて生じる核分裂性の原子核の数が1よりも大きい原子炉で、高速中性子による核分裂連鎖反応を用いたもの。燃料にウランとプルトニウムを用いる。課題が多く、実用炉の前段階である実証炉の完成にいたっていない。

加速器駆動未臨界炉：超高温原子炉の一種。半減期数万年の放射性廃棄物を高速増殖炉よりも効率的に燃料にできるが、解決すべき課題も多い。

現在の幸福を制限してまで将来を案ずることが必要な状況の出現という背景がある。

現代という時代に、将来世代への責任という新しい倫理原則が登場した。そして、われわれの時代に初めて、人類は将来の人類について配慮するようになった。このことは、将来世代へ向けての新しいメッセージとして残るだろう。将来世代との対話が成り立つためには、恩の自覚を基盤にしつつ、相手と対話しようという意図が両者にあり、しかも語る同じテーマがなければならない。現在世代が将来世代に配慮して政策を立案することは、共通のテーマになりうる。

われわれには将来世代とそうした対話を行う意図がある。将来世代はどうだろうか。そこには、われわれの世代を含む過去世代からのメッセージが間違いなく届くだろう。将来のために現在このようなことをしたということは、いやでも将来世代に知られるはずである。その中には的外れなものもあるだろうし、的確なものもあるだろう。それらすべてを将来世代は評価するだろう。そこに対話が成立するといえる。すなわち、将来世代の経済、科学技術の状況や価値観を正確に知らなくても、対話は成り立つ。将来世代についての未知にもかかわらず、その未知を可能なかぎり埋める努力をしたうえで、ある理想を描いたことを、将来世代は理解するだろう。そして、おそらく彼らも彼らにとっての将来世代に対して、われわれと同じように試行錯誤しつつ行動することだろう。

過去への批判は可能か

本章での議論は、過去世代への評価や批判が可能であるという前提の上で行われてきた。それは当然だと思われる。そうでなければ、ナチスへの批判や戦前の日本の軍部への評価・批判もできないことになる。しかし、ここには少々考えなければいけないことがある。

それぞれの世代は、現在この世代があることを、それ以前の世代に負っている。これが、過去世代の恩を過去の代理としての将来世代へ返すという発想の基盤にある。過去世代に負っている恩は、それぞれの世代にとって重要な恩である。では、どのくらい重要だろうか。

たとえば、過去世代が政治の方向を誤ったために隣国と戦争になり、多くの生命が失われ、国土は破壊され、経済も疲弊したとしよう。方向を間違えなければ、現在はもっと平和で繁栄した社会になっていただろう。そこで過去への批判がなされる。では、過去に政治のかじ取りを誤らなかったおかげで、現在はよりよい社会だとしてみよう。隣国とのいさかいもない。国土も荒れてない。生活は豊かである。人々は幸福である。よいことずくめだが、ただ一つ欠けているものがある。われわれはその社会にいないのである。

過去世代の行動が変わることで、現在世代のおそらくすべての人は存在しなくなる。代わりに別の人が幸福を享受することになる。すなわち、それぞれの世代は、存在すること自体を過去世代に負っている。この場合の恩は、存在そのものにかかわる恩である。

第5章で法学者の川島武宜の考えとして次のように述べた。「恩の関係は本来的に上から下への恵みを要素とするため、恩の恵みはいくら返しても返せないほど無限なものであると述べる。さらに、恩は一方に、恩をすでに与えて権利のみを持つ者と、他方に、義務のみを負う者という封建的主従の人身的関係をつくる」。これと同様の趣旨のことを、ベネディクトも『菊と刀』で語っている。

いくら返しても返せないのは、その恩が自分の存在することの条件になっているからである。親のおかげで今の自分の存在がある。主君のおかげで今の身分があり生活がある。そうした恩なしでは、今の自分は存在できない。本書では、このような封建的な束縛を脱色したはずだった。しかし、恩にはどうしてもわれわれを絡めとるような力があるようである。

生命倫理の議論で「ロングフルライフ（wrongful life）」にかんするものがある。直訳すれば「不当な生」である。たとえば、先天性の遺伝疾患を持って生まれてきた人が、医師や両親を相手に訴訟をおこす。彼らのおかげで病気や障害を持って生きることになったので、損害賠償を請求するというのである。訴えた人は、自分を生んだことで医師や両親を責めている。この訴訟は「自分は生まれてこなかった方がよい」ということを含意する。つまり、訴えた人自身の存在を否定するものである。その点に着目すると、この訴訟が恩の問題に類似しているのがわかる。

レイプによる妊娠出産についても同様のことがいえる。生まれた子が長じて、出生のいきさつがわかったとき、レイプ犯を批判できるだろうか。どのように卑劣な親でも、その卑劣な行為のおかげで自分の生がある。違法な行為により**クローン人間**として生まれた子についても同じである。クローン人間として周囲の好奇の目にさらされ、両親の過去の決断を批判するかもしれない。しかし、その違法な行為を批判することは、自己の存在を否定することである。

過去の世代の誤った政策。妊娠出産の原因であるレイプ。クローン人間を作る行為。それらへの批判を無意味にするような理論は、やはりどこかおかしいはずである。

クローン人間の例でさらに考えてみよう。人間として生を受けたことはよいが、クローン人間として受けたことはよくない。しかし、クローンを作るという決断と行為によって、自分は存在している。クローン人間でなければ自分は存在していな

クローン人間の作製：クローン人間を作ることは各国で法的に禁止されている。禁止の理由は、医学上の安全性の問題、性にかんする社会通念に大きく反すること、人をたんなる手段としてしまうこと、クローンとして生まれた子の人権上の問題などである。

い。善悪の因果ではなく、物理的因果の壁とでもいえるものがここに立ちはだかっている。これを超えないといけない。

今の自分の生は不幸すぎて意味がない。だから忌まわしい原因を断ち切ることで、生を否定してかまわない。このような乗り越え方があるかもしれない。しかし、これも別の物理的因果の系列を立てているにすぎない。原因と結果の中での話に終始している。

ここで発想を変えてみる。一般に、ある行為を間違っていると批判するとき、どのようなことをしているだろうか。その批判は自分を巻き込み、自分が責められる、あるいは自分の存在基盤が揺らぐかもしれない。そうしたことも織込みずみで批判するのではないだろうか。自分のことを棚に上げるのではなく、自分を含む誰にも当てはまる批判をしているのではないか。その意味で、批判にさいして、人はいわば普遍的視点に立っている。

過去への批判はそうした視点に立つことで可能となる。そもそも批判とは、そういうものだろう。自分を巻き込むことがあるとしても、普遍的と思える視点から批判をする。たとえ自分にそれが返ってきても、その時はそれを引き受けるとして、よいはよい、悪いは悪いと主張する。それが批判であり道徳的、倫理的判断であろう。

「Aすることは悪い」という倫理的判断は、あらゆる人の行為Aに当てはまる。普遍的に適用される判断である。この判断を適用することで、「私の行為Aは悪い」という結果をみちびき、それによって私の生き方が批判されようともかまわない。それも織込みずみである。また、こうもいえる。その判断によって、たとえ自分の存在の因果的根拠となる行為が道徳的に批判されようともかまわない。批判することで、現在の自分の存在そのものが因果的に否定されようともかまわない。過去はかくして批判可能となる。

そのとき、人は物理的因果の世界を超えた世界に立つことになる。そのとき人は、過去世代の行動、レイプ、先天的遺伝、クローン人間作製という因果的しがらみの世界を超えて生きることができる。そうしたしがらみから解き放たれることになる。

ここで、本書のこれまでのおおまかな筋を述べておきたい。第1章では、『記紀』を中心にして天譴の思想的基盤である生命力と秩序化の原理について論じた。そして、災害をポジティブに受け止める思想として天譴をとらえ直した。第2章では、自然、意気、諦念という共災の時代の徳を論じた。第3章では、ケアを核とすることで保護と防災を視野に入れた環境倫理を構想するとともに、共災の時代の世界観として現代版アニミズムを考察した。第4章では震災犠牲者へのレクイエムとして、彼らの生の意義の高揚について論じてみた。同時に、『日本霊異記』に善悪の厳然たる因果の理法を見いだし、そこから、輪廻思想を脱色した。また、今は亡きものの変化について語るため、ケンブリッジ変化という概念装置に着目した。この概念は第5章、第6章の背景をなしてもいる。そして、第5章にいたり、生きとし生けるものとのつながりを述べるため、恩の思想への言及を試みた。これは第4章でのレクイエムをすべての存在へと広げるものでもある。ただし、そこから生じる生の規範は自然性の肯定であり、それにより、すべての存在を荘厳することである。第6章で恩の思想は将来世代論へと展開した。ここでは、過去との対話、将来との対話にもとづく将来世代への責任論が述べられた。

　こうした一連の議論を大雑把にまとめると次のようになる。議論のベースにあるのは、第1章での生命力と秩序化の原理である。どこまでも産出する力と秩序化という生命の原理、これが本書の「執拗低音」である。ケアへの着目もこれを基盤にしている。その執拗低音に、まず、心理を超越した理法としての善悪因果論が付加してくる。この因果論は心理的ことがらを超越する厳しいものである。その背景には無常定めなき世での救済を願う心、よいことをすればよいことが待っているという人々の素朴な願いがある。そして、儒教また仏教で重要概念とされる恩についての思想がつけ加わる。ここでは輪廻思想に代わる存在論として、生きとし生けるもののつながりと、過去現在未来にわたる生が論じられた。それらは、たんなる事実や知識ではなく生き方にかかわるという点で、倫理的よそおいのもとに登場している。

生命力と秩序化の原理、善悪の因果論、そして恩の概念は、脱色された形態ではあるが、現在の日本人の心の奥深くにある思想といえる。

共災の時代の徳は、自然、意気、諦念である。九鬼によれば、それぞれ神道、儒教、仏教を背景に持つ。本書で展開した議論は、大まかには、神道的生命観を背景として、仏教や儒教の世界観を脱色して現代的にとらえなおしたものといってよいだろう。

終章

火の神と原子力

原子力という両刃の剣。福島第一原子力発電所３号機、2011年３月21日。
（東京電力提供）

本書を終わるにあたって、語り残した大きな問題について触れてみたい。それは原子力発電の問題である。原子力発電については震災後に多くの文献が登場した。その内容は大きく三つに分類できる。一つは原発技術の持つ問題点を扱うものである。原発技術とはそもそもどのような本性を持つか、また、地震列島という日本の風土における原発建設の問題も取り上げられている。次には、過去と現在の原発の問題である。たとえば、過去の原発設置のさいの問題点、また、原発をめぐる権力構造や隠ぺい体質、**原子力ムラ**、無責任体系などが挙げられる。そして最後に「原発を存続させるべきか」の問題である。

火の神の二つの神話

私は原子力あるいは電子力発電の問題を、日本の神話をヒントにして考察してみたい。

大事なところで神話に言及するのは、本書の基本的スタンスである。神話はたんなる遠い過去の話ではない。それは人間と自然の原初的関係を語っている。時代が混迷し、従来の思考法では解決しがたい難問が山積するほど、原点に立ち返る必要がある。原子力は、現代の経済、政治、科学技術の基底にあり、われわれの生活を

原子力ムラ：原発を推進することで互いに利益を得てきた政治家と企業、研究者、マスコミなどの集団。村社会独特の性質を持ち利権に群がる排他的利益集団という面を揶揄して用いられる語。

何重にも絡めとっている。現象のレベルで議論すれば、こちらを立てればあちらが立たずということになるだろう。神話という原点は、遠いはるかな時間を隔てて、今のわれわれの心の奥を照らすだろう。そして、錯綜した道程にひとすじの路を示すことができると思われる。

『古事記』の神話で、原子力にあたるのは火である。原子力を「原子の火」と呼ぶこともあるのだから、そう考えてもおかしくないだろう。日本の神話で火をどうとらえているかは、現代の原子力について考察するさいのヒントとなるかもしれない。

火の神であるカグツチは、この世に誕生した初めての火であり、火の根源といえる。『古事記』によれば、イザナミは、国生みの最後に火の神（カグツチ）を生むさいに火傷をし、死んで黄泉の国に行く。そのとき、苦しむイザナミの嘔吐物や排せつ物から冶金、窯業、農業に関係する神々が生まれる。それは、産業における火の効用を示したものともいわれる。

この物語に、夫イザナキによる黄泉の国への訪問と、亡き妻イザナミの醜い姿を見て恐れおののき黄泉の国を脱出する話が続く。そして、イザナキが死の国のケガレを祓ったときに誕生するアマテラスやスサノヲの物語、また、高天原でのスサノヲの乱暴狼藉とアマテラスの岩屋戸籠り、スサノヲの追放劇から**出雲での八岐大蛇**《やまたのおろち》

出雲での八岐大蛇退治：高天原を追放されたスサノヲは、出雲の国で八岐大蛇を退治し、大蛇の犠牲になろうとしていたクシナダヒメと結婚する。その時スサノヲは心晴れ晴れと「八雲立つ出雲八重垣妻籠《つまご》みに八重垣作るその八重垣を」と歌い、根の国に鎮《しず》まることとなる。八岐大蛇は土石流の象徴であるともいわれる。

退治へと波乱に満ちた物語は続いていく。このように、高天原や地上とは別に黄泉の国が登場し、アマテラスやスサノヲも生まれ、神話が波乱に満ちた展開を始めるきっかけが、火の神の出産だった。

　さて、イザナミの死を見たイザナキは大いに怒り、妻を死なせた火の神を斬り殺す。これは、剣の威力で火の猛威を鎮めることといわれている。殺された火の神の血、頭、胸、腹、陰部、手足から雷神、竜蛇神、山の神といった神々が誕生する。火の神は殺されても、雷神という別の火の神が生まれたのである。

　もうひとつ、火の神にまつわる注目すべき話がある。それは『古事記』、『日本書紀』にはないが、「祝詞式・鎮火祭条」にある物語である。いわばマイナーな話である。それによれば、ヨモツヒラサカで、イザナミが、夫の統治する地上に「心悪しき子を生み置きて来ぬ」と語ってから、火神の心荒《すさ》びを鎮めるものとして、水の神、ふくべ（ひょうたん）、川菜、埴山《はにやま》姫（土）を生んだとある。カグツチという火の神がイザナキによって殺されても、なお地上に心悪しき火の神がいるので、その心荒びを鎮める道具を生んだのである。

　『古事記』などでは、醜い姿を見られたイザナミは、地上と黄泉の境にあるヨモツヒラサカまでイザナキを追いかけてきて、「地上の人間を一日千人殺してやる」という。答えてイザナキは「それならば、一日千五百の**産屋**《うぶや》を立てる」という。毎日一、

産屋：出産および産の忌みの期間をすごす小屋または部屋。もとは産神《うぶがみ》の加護の下で安全で丈夫な子を産むための神聖な場所だったが、出産に対するケガレ観の流布の影響で、ケガレゆえの隔離施設という考えが広まった。

〇〇〇人が死んでも、一、五〇〇〇人生まれるようにするというのである。ところが「祝詞式・鎮火祭条」でのイザナミは、地上に残した心悪しき子が暴れたときのために、火を消す四種の道具を生んだ。ここには、我が子と人間に対するイザナミの心やさしい一面が表現されている。

古代宮廷では6月、12月の2回、晦日の大祓の後に皇居の四隅の路上で鎮火祭をおこなった。今でも各地の神社では、鎮火祭を行っている。そのとき、火消し用に水、ふくべ、川菜、土が供えられる。

火の神にまつわる二つの物語について考えてみよう。

まずはイザナミが火の神を生む話である。なぜイザナミは火の神を生んだのだろうか。こう考えられる。まず、火は日々の生活や技術に不可欠である。しかし、古代から火事がケガレとされたように、火は秩序破壊をもたらすものである。イザナミが火の神を生んだ理由は、火の神を生む、すなわち名と形を与えることで、火の破壊力を制御しようとしたからだと考えられる。名と形を与えることで、ものは対象として把握され、支配や秩序が可能となるからである。支配統御できない神や悪霊には「もの」という言葉が使われた。名も形も不定ということである。たとえば「**モノノケ（物の怪）**」や祟り神として知られる「オホモノヌシ（大物主）」がそうである。イザナミは、地、水、風の神々は無事に生んだが、火はそうではなかった。

モノノケ：生霊《いきりょう》、死霊、怨霊、鬼神などの霊的存在をいい、人にとりついて病気にさせたり死にいたらしめたりすると信じられていた。妖怪、変化《へんげ》などを指すこともある。

イザナミみずからが火に焼かれ、黄泉の国で雷火の神となる。

夫イザナキは、剣の霊威で火の猛威を鎮めようと、その生まれた暴れ者の子を殺すが、そこから火に関わる神を含む神々が生じる。剣の力で火の力を支配し屈服させようとしても無理である。火を抹殺しようとしてもしきれない。こう神話は語っている。

もうひとつの鎮火祭の物語はどうだろうか。それによれば、イザナミは、地上に残してきた火神の心荒びを鎮めるものとして、水、ふくべ、川菜、土を生んだとされる。ふくべに入れた水を火にかける、また、水を含んだ川菜で火を鎮める。土をかぶせる。これらは、剣の力で強引に鎮火するのでなく、荒ぶる火をなだめるようにして鎮めることといえる。剣で根源的に支配屈服させるのが父性的とすれば、この「心悪しき子」をなだめる仕方は母性的である。根源的な支配統御が不可能なとき、残る手段はなだめること、折り合いをつけていくことである。しかも、荒ぶる神であるからには、畏敬の念をもって対処しなければならない。

火の神が制御しがたいことは『播磨風土記』の物語からも知られる。それによれば、オホクニヌシ（風土記では「オホナムチ」という呼び名が用いられている）の子に火明《ほあかり》の命という火の神がいた。あまりに強情なので、因達《いだて》の神山《かみやま》に行ったときに、その子に水を汲みに行かせている間に船を出して逃げた。それを見た火明の命はは

『播磨風土記』：和銅六年（713）に諸国に下された官命以後二年程度で成立したとされる。官命にしたがい播磨国内の郡郷の地名、産物、肥沃度、古伝承の記録を報告している。

げしく怒り、風波を起こしてオホクニヌシの船を転覆させてしまった。

これらの神話から、古代の人々が火をどうとらえていたかがわかる。

鎮火祭の祝詞では、制御しがたい火に対する母性的な対応が説かれている。それとともに、注目すべきなのは、火を消す4種の道具をつねに用意しておくことである。火の神の暴威は4種の道具で鎮められても、それは一時的な鎮火にすぎない。完全な支配は不可能であり、いつまた火の神が暴れるかわからない。そのために、イザナミの生んだ火消し道具を用意しておく必要がある。鎮火祭の儀式はそれを自覚させる。すなわち、火の強靭さと執拗さが、また防災に力を尽くすべきことが説かれている。

黄泉の国の蓋を開けてしまった原子力

ここで、火の神カグツチと原子力の関係について再考してみよう。

さきに、『古事記』の神話で原子力にあたるのは火であると述べた。イザナミが生んだカグツチは火の根源であった。それを生むことで、根源の火に名と形を与え支配制御しようとしたが、果たせず、イザナミは黄泉の国へ旅立った。火の根源であるカグツチは原子力にあたるといえるが、さらに次のように考えることもできる。

通常の火をコントロールすることができるようになった現代では、制御できない根源の火とは原子力に他ならない。原子力の火を生むことで、人類には黄泉という滅亡の国が開かれた。神話はこのようにも解釈できる。現存する核爆弾は、人類を何度も滅亡させる威力を持つといわれる。人類は原子力をこの世に生むことで、みずから滅亡への道を開いた。イザナキが火神カグツチを斬ったのちに、神々が生じ、その中には雷神等の火の神もいた。これは、核兵器を統御しようとしても拡散してしまうことを想い起こさせる。ひとたび原子力の蓋を開けてしまえば、元に戻すことはできない。下手をすれば拡散してしまうのである。

また、火神カグツチを生んだイザナミの排せつ物から種々の産業に関連する神々が誕生したように、火、エネルギーは現代の産業の要をなしている。原子力はその要の重要部分を担っていて、きわめて多くの産業と密接な関係にある。

ここから次のことがいえるだろう。まず、現在予測できることでもあるが、原子力を科学技術で支配制御することはおそらく不可能である。とはいえ、原子力発電の魅力も絶大なものである。それは現代の多くの産業の根幹を占めている。廃止するには、相当の覚悟と用意周到の手続きがいる。しかし、長期的視点に立てば、代替エネルギーの開発によって不可能とはいえない。また、無害化に10万年かかるといわれるプルトニウムも、高速増殖炉などの開発によって問題とならなくなるかもしれない。

ところが、核兵器にかんしてはそうはいかない。仮に世界中の原発が廃止されても、原子力エネルギーは核兵器という形で存続する。原子力の火は、いったん蓋を開けてしまった以上は、完全な封じ込めはできないのである。それが持つ魅力は魔術的なものである。たとえば核兵器がいったん廃絶されたとしよう。すると、核兵器を所有すれば他にない圧倒的な力を持つので、核をひそかに持ち込む国やグループが必ず登場する。一国や一つのグループによる世界の支配を回避するため、結局、他の国もふたたび核に訴えざるをえなくなる。エネルギー源としての原子力の利用を、人類はやめることができるかもしれない。しかし、兵器としての魅力は絶大である。また、強大な力を持つ核兵器はいつでも世界中に拡散しかねない。核を用いた戦争が起きなくても、核兵器の事故は生じうる。そのときはグローバルな規模での放射能汚染が起こるだろう。

このように、人類は原子力の誕生以来、滅亡という黄泉の国をつねに見すえて生きざるをえないのである。原発が廃棄されても、核兵器の力への信仰が続くかぎり、人類は黄泉の国への転落から自由になることはできないだろう。

国々を生んだ神イザナミでさえ死に至らしめた、火神の力とはこのように強大なものである。それを封じ込めるのが困難ならば、「祝詞式・鎮火祭条」にあるように、火と折り合っていくしかない。火の神を鎮めるためには、水、ふくべ、川菜、土のような、いわば防災グッズの用意が必要となる。それと同時に、火の神を日ごろからなだめて怒らせない方策も不可欠である。われわれにできることは、火の神に対して、それにふさわしい仕方で接すること、災害が起きないように対策を練ること、事故予防と悪用防止に極力努めることしかないだろう。

松村武雄は『日本神話の研究』でこう書いている。

> 日本民族におけるこうした心理［注：火山にたいして宗教的にまで高まった畏怖・畏敬を感じること］が、我国に於ける火山の豊多・その爆発の頻繁に負うてゐることは、固より言ふを俟《ま》たぬ。そして火山の爆発は、言はば「大地」そのものの激しく痛ましい負傷である。そこに火神迦具土《かぐつち》を産むことに因しての伊弉冉《いざなみ》神「**神避り**《かむさ》」といふ神話的観想の成立があるのではなからうか。（『日本神話の研究』第二巻、培風館、1955年、364頁）
>
> （注と振り仮名は引用者による。）

火山とは大地の痛ましい負傷であり、それが、イザナミがカグツチを生み痛々しい姿になり、黄泉の国に行く物語の淵源にあるとされる。日本の神話における災害とは、一種の負傷であるといえる。「はじめに」で幸田文が、崩れの巨大なエネルギーが弱さから来ていることに感動したことに触れた。崩れも火山も他の災害も大

松村武雄：神話学者。1883−1969。日本神話の枠内にとどまらずギリシア神話の研究との融合を行う。代表作『古代希臘に於ける宗教葛藤』、『神話学原論』、『日本神話の研究』。

神避り：神が死ぬこと。ここではイザナミが死んで黄泉の国に行くこと。日本の神話では、神は不死身でなく傷つくことも死ぬこともある。

地の痛ましい負傷であり、弱さの表れである。その意味で、みずからの欲望のために原子力の火をこの世に送りだした人類は、大地を痛々しいほどに切り裂いてしまったといえる。そこから生じる災害は、まさに人類の生み出した巨大な災厄に他ならない。

それでも、絶望や享楽主義だけが残された道ではない。幸田文がいう「笑いごとではないことを、笑って話せる闊達」さを持って生きる道がある。災害とともに生きる強さと柔軟さと懐の深さを持って生きることが可能である。それが「共災」の時代にふさわしい生き方である。

あとがき

自然はわれわれに恵みと暴威の両方を与える。熊本にいるとそれがよく分かる。海の幸、山の幸が豊富である。魚介類、米、野菜、果物、肉、酒、焼酎。安くてうまいものが腹いっぱい飲み食いできる。また、世界中から観光客が来るほどに自然の景観も美しい。水も豊富で、熊本市の水道はすべて地下水でまかなっている。ミネラルウォーターである。熊本大学にも井戸が2本掘ってあり、構内に水を供給している。水脈がそこいらじゅうにあるので地下鉄のトンネルが掘れないと聞いたこともある。だから市内にも温泉がある。また夏は高温多雨なので、放っておくと庭はジャングルのように茂る。まこと産霊《むすひ》の力に満ちた国土である。

自然の威力も大変なものがある。阿蘇山の噴火で多数の死者が出たことがある。有明海の高潮の被害も記憶に新しい。水俣病のように、人為が自然を傷つけて起きる災害もある。また降る雨の凄さは半端でない。そのためしばしば土石流で犠牲者が出る。近くは、2012年7月九州北部を襲った記録的豪雨で、熊本も大きな被害を出した。水害が多いのである程度の備えはできていたはずだったが、自然の力は想定外のものだった。熊本市内も被害にあい、氾濫した白川のすぐ横にある友人宅も床下浸水した。見舞いに行くと、大学生が6人ボランティアで泥を除く作業をしていた。「ここは緑がきれいだし鳥は来るし、ふだんは楽園みたいなところなの」と奥さんがいう。

豪雨の1ヵ月ほど後に、ようやく開通した国道57号線を通った。阿蘇の外輪山の絶壁を削って通る道路である。いたる所に倒れた杉や檜が見える。ひとつの大きな崩れの現場が目に飛び込んできた。いつもなら山肌を隠していた木々がごっそり落ちて、見上げるような岩の壁がそびえている。前日の雨が滝となって頭上から降りかかる。ここではじめて見る見事な滝だった。この坂にはいくつか滝があり、滝室坂と呼ばれているのを思い出す。数週間後、今度は阿蘇五岳のひとつ根子岳の麓を車で行くうちに、思いがけなく崩れの現場にさしかかった。数百メートルにわたって斜面づたいに杉が根こそぎになっていた。荒れすさぶ何かが通過した跡のようだ。凄惨さとともに、言いがたい寂しさ、哀しさを感じた。何年か前に読んだ『崩れ』を再読したくなり夢中で読んだ。初めから終わりまで「まったくその通り」だと思った。

本書は、東日本大震災以降、1年半ほどの思索をまとめたものである。

第1章、第2章、第4章の原型は、論文「「共災」の時代へ向けて――大震災への思想的応答の試み――」（高橋隆雄編『将来世代学の構想――幸福概念の再検討を軸として――』九州大学出版会、2012年所収）である。第3章は、震災からちょうど2ヵ月後の講演「防災から共災へ」が元になっている。第5章、第6章は、論文「生きとし生けるものとのつながりと将来世代への責任――恩の思想の視点から――」（熊本大学倫理学研究室紀要『先端倫理研究』第6号）にもとづいている。「はじめに」、「序章」、「終章」は本書のために新たに書いた。多くの人に読んでもらうために、読みやすさを心がけた。文章を短くし、また、学術論文のような婉曲表現を避けて断定調を増やした。注も語句の説明にとどめた。

すでに原型ができているとはいえ、本書のような形にまとめるにはそれなりの苦労があった。というのは、前半の章と後半の章は異なる視点に立脚していると思われたからである。前半は神道的視点、またケアの視点であり、後半は仏教や儒教の視点である。第4章では両者が交叉している。

これは初めての経験ではない。数年前に、本来の自己決定は賭けであるという趣旨の論文を書いたときに、ケア中心の今までの私の視点と違うと同僚から指摘された。そのとき、九鬼周造の論文「日本的性格」での、神道、儒教、仏教の緊張ある統合という説が自分にも当てはまると思った。同時に、九鬼周造の説も捨てたもの

2012年の九州北部豪雨の傷跡。国道57号線の土砂崩れと阿蘇根子岳の麓の崩れの現場（著者撮影）

でないと感じた。

本書では「共災」という造語を用いている。造語の類は、私自身、作るのも見るのも好きではないが、今回だけは許してもらいたい。他に適切な言葉が見つからないのである。

本書は、現在だけでなく将来の世代にも宛てている。インターネットでの公開でもよいと思ったが、九州大学出版会から刊行されることになった。編集の永山俊二氏には今回も大変お世話になった。感謝の意を表したい。すでに鬼籍に入られたが、黒田亘先生、今道友信先生の師恩は忘れることのできない恩である。本書が報恩の一端になることを願っている。また、将来世代について真剣に考えるきっかけとなった孫の大乗、私をこれまで支え続けてくれた妻の幸子にも深く感謝したい。

なお、本書の刊行にあたっては熊本大学大学院社会文化科学研究科と伊藤早穂基金から出版助成を受けた。

2013年2月

著　者

〈著者紹介〉
高橋隆雄（たかはし・たかお）
1948年神奈川県に生まれる
東京大学工学部卒業（船舶工学科）
東京大学大学院博士課程単位取得退学（哲学専攻）
博士（文学）
熊本大学大学院社会文化科学研究科・教授
日本医学哲学倫理学会賞受賞
単著：『自己決定の時代の倫理学』、『生命・環境・ケア』（以上、九州大学出版会）。
編著：『将来世代学の構想』（九州大学出版会）、『工学倫理』（理工図書）、*Taking Life and Death Seriously: Bioethics from Japan*, Elsevier. 熊本大学生命倫理研究会論集（全6巻）。熊本大学生命倫理論集（全4巻）（いずれも九州大学出版会）など。

「共災《きょうさい》」の論理《ろんり》

2013年4月20日　初版発行

著　者　高橋　隆雄
発行者　五十川直行
発行所　財団法人　九州大学出版会
〒812-0053
福岡市東区箱崎7-1-146　九州大学構内
電話　092（641）0515
URL　http://kup.or.jp/
印刷・製本　城島印刷（株）

ISBN 978-4-7985-0096-6

将来世代学の構想
―― 幸福概念の再検討を軸として ――

高橋隆雄 編　　Ａ５判・336頁・2,800円

科学技術の暴走に足をすくわれた私たちに将来世代への責任を果たす方策はあるのか。近代的パラダイムの変換と幸福概念の再構築を諸学の英知の結集により追究する論集。

第Ⅰ部　近代パラダイムとコミュニティ
第Ⅱ部　震災・紛争解決・合意形成
第Ⅲ部　将来世代と医療

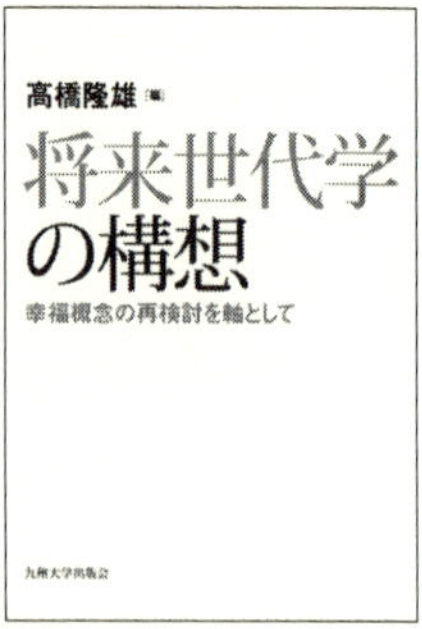

熊本大学生命倫理研究会論集

各巻Ａ５判・平均280頁・1 5 6 2,800円，2 3 3,000円，4 3,200円

1　遺伝子の時代の倫理　高橋隆雄 編
2　ケア論の射程　中山　將・高橋隆雄 編
3　ヒトの生命と人間の尊厳　高橋隆雄 編
4　よき死の作法　高橋隆雄・田口宏昭 編
5　生命と環境の共鳴　高橋隆雄 編
6　生命・情報・機械　高橋隆雄 編

熊本大学生命倫理論集

各巻Ａ５判・平均370頁・3,800円

1　日本の生命倫理 ―― 回顧と展望 ――　高橋隆雄・浅井　篤 編
2　自己決定論のゆくえ ―― 哲学・法学・医学の現場から ――　高橋隆雄・八幡英幸 編
3　生命という価値 ―― その本質を問う ――　高橋隆雄・粂　和彦 編
4　医療の本質と変容 ―― 伝統医療と先端医療のはざまで ――　高橋隆雄・北村俊則 編

自己決定の時代の倫理学 ―― 意識調査にもとづく倫理的思考 ――　高橋隆雄
Ａ５判・232頁・4,200円

生命・環境・ケア ―― 日本的生命倫理の可能性 ――　高橋隆雄
Ａ５判・270頁・3,800円

（表示価格は税別価格）　**九州大学出版会**